Wenn der Himmel plötzlich auf die Erde kommt

Andreas Kleinschmidt

Wenn der Himmel plötzlich auf die Erde kommt

Geschichten und Gedichte

zum Freuen und Staunen

Bibliografische Information der Deutschen Nationalbibliothek:

Die Deutsche Nationalbibliothek verzeichnet diese Publikation in der Deutschen Nationalbiografie; detaillierte bibliografische Daten sind im Internet über dnb.dnb.de abrufbar. Die automatisierte Analyse des Werkes, um daraus Informationen insbesondere über Muster, Trends und Korrelationen gemäß §44b UrhG („Text und Data Mining") zu gewinnen, ist untersagt.

Herstellung und Verlag: BoD - Books on Demand, Norderstedt

ISBN: 9783759752024

Wenn sich Menschen einander in Liebe zuwenden, ereignet sich Erstaunliches, wie es die Menschen, von denen hier erzählt wird, erleben:

Sei es auf dem Riesenrad hoch über einem Weihnachtsmarkt, sei es bei dem Versuch zweier Jungen, miteinander Freundschaft zu schließen, sei es bei der Wiederbegegnung mit der Jugendliebe nach halben Leben oder bei dem Einsatz der Heilsarmee am Heiligen Abend und bei vielen anderen Gelegenheiten.

Im freien Fall geborgen

In diesem Jahr ließ es der Herbst langsam angehen, die Bäume und Sträucher verloren ihre Blätter nur unwillig, der Sommer war feuchter und kühler gewesen als in den Jahren zuvor, sie hatten noch genug Saft und Kraft in sich und wollten den Kampf noch nicht aufgeben.

Das ist doch ein Zeichen, dachte Manuel, der an seinem Schreibtisch saß und durch das Fenster seines Arbeitszimmers hinaus in das grün-gelbe Blattwerk der Birken und Haselnusssträucher in seinem Garten sah.

Es ging auf den ersten Adventssonntag zu, er konnte sich nicht erinnern, dass sich die Natur in einem Jahr schon einmal so verspätet hatte.

Es gibt eben keinen ein für alle Mal und für alle gültigen Plan des Alterns, stellte er fest. Auch ich fühle mich nicht wie in den Siebzigern, es war genauso, wie er es früher selber bereits vielen älteren Menschen gesagt hatte: man ist so alt, wie man sich fühlt, und es kommt nicht darauf an, wie alt man ist, sondern wie man alt ist.

Aber wie fühlte er sich, wie sollte er sich fühlen? im Augenblick schien ihm sein Leben seltsam unwirklich, wie im freien Fall, immer mehr wurde ihm klar: Sein Halt war sein Beruf als Psychologe und Psychotherapeut gewesen.

Nun war er bereits seit einigen Jahren in Rente, aber noch immer litt er unter einem Gefühl der Leere, die er in der Zeit seiner Berufstätigkeit durch eben diese gefüllt hatte – wie sehr er durch diese auch in seine eigene Seele und nicht nur in die seiner Patienten hineingewirkt hatte, wurde ihm nun immer klarer.

Wie sollte er diese Leere füllen? Und war sie der Anfang vom Ende nicht nur seines Berufslebens, sondern seines Lebens überhaupt?

Manchmal, wenn er eine Weile in sich hinein hörte und sah, dass es das Leben gab in einem Reichtum, wie er ihn bisher nicht geahnt, geschweige denn erfahren hatte. Es ging dabei weniger um das Gegenständliche, das er sah, um das Geschehen, das er erlebte, als um die Weise, wie er alles erlebte, ein wenig war es wie im Traum, aber doch wiederum ganz anders, alles, was er sah und empfand, war noch viel leichter und schöner als im Traum.

Es schien ihn selbst zu verwandeln, ja aufzulösen in eine andere Existenzform hinein, die seltsam fließend und durchscheinend war, ein Fühlen, das nicht mehr auf äußerliche Eindrücke angewiesen war, sondern sich aus Innenwelten speiste, die keine Festigkeit und Gegenständlichkeit mehr kannte, sondern nur noch ein einziges Sehnen in das Unwirklich-Übersinnliche war.

X

„Ich weiß nicht mehr, wie ich nach Hause komme", sagte er und sah Manuel, seinen Therapeuten, dabei ratlos an wie ein Kind seine Mutter.

„Wie haben Sie denn den Weg zu mir gefunden", fragte Manuel ihn. Er kannte Reisinger etwa seit drei Jahren, damals war er ihm als Alzheimerpatient von einem Kollegen überwiesen worden. Nun stand er vor seiner Haustür und wollte eigentlich gar nicht zu ihm, sondern nach Hause, aber er wusste nicht mehr, wo es war.

„Ich weiß nicht", antwortete er und sah Manuel hilflos an. „Wissen Sie es? Ich stand einfach plötzlich hier vor Ihrem Haus". Sein Unterbewusstsein musste Reisinger zu ihm geleitet haben, es funktionierte offensichtlich noch besser als sein Bewusstsein.

„Ich werde ihre Frau anrufen", sagte Manuel. „Sie wird sie abholen".

Reisinger, ehemals ein rüstiger Mann in den Fünfzigern, der mitten im Leben stand, hatte nicht nur sein Gedächtnis verloren, nein, mit ihm sich selbst. Und darunter litt nicht er, sondern seine Frau am meisten.

Während seiner psychotherapeutischen Behandlung hatte sich Manuel immer wieder auch grundsätzliche, philosophische Fragen gestellt wie die nach dem „Ich" eines Menschen, was es denn überhaupt sei, was es ausmache, was zu ihm notwendig gehörte und was hinreichend war, auf jeden Fall gehörten die Erfahrungen eines Menschen, seine Lebensgeschichte und deren Erinnerung dazu. War ein Mensch von diesen Erfahrungen, von seiner Vergangenheit abgeschnitten, gab es keine Zukunft für ihn und auch die Gegenwart verlor sich für ihn in einen immer wieder entschwindenden Punkt, der sich in nichts auflöste.

„Meine Frau?", fragte Reisinger. Es war offensichtlich, dass er sich im Augenblick an seine Frau, mit der er dreißig Jahre verheiratet war, nicht mehr erinnerte.

„Ich habe ihm gerade die Wäsche zum dritten Mal zusammenlegen lassen, um ihn zu beschäftigen", klagte Frau Reisinger am Telefon, als Manuel sie jetzt anrief. „Aber plötzlich war er dann weg".

„Er ist bei mir", sagte Manuel. „Sie können ihn abholen".

Er bewunderte Frau Reisinger, sie ertrug die Krankheit ihres Mannes mit erstaunlicher Geduld und Leidensbereitschaft, allerdings kam auch sie ab und zu an ihre Grenze. Einmal hatte er die Herdplatten angestellt und diese Tatsache vergessen, der Brandgeruch war bis ins Treppenhaus gezogen ehe sie selbst es bemerkt hatte, die anderen Hausbewohner hatten sich beschwert, sie fürchteten um ihre Sicherheit, „eines Tages wird er noch das ganze Haus in Brandt stecken", wurde ihr vorgehalten und sie solle ihren Mann in ein Heim zu geben, aber dies kam für Frau Reisinger nicht in Frage: „Ich habe ihm ewige Treue geschworen, ihn in Freud und Leid nicht zu verlassen, das kann keiner von mit verlangen, ihn wegzugeben, das verstehen Sie doch", hatte sie Manuel erklärt und dieser hatte genickt, ihren Mann „wegzugeben" hätte für sie bedeutet, nicht nur ihn, sondern auch sich selber aufzugeben.

So war sie mehr und mehr zum zweiten, nein zum ersten Ich ihres Mannes geworden, sie nahm diese Rolle Tag für Tag neu in großer Leidensbereitschaft und Selbstaufgabe an, und so hatten im Grunde durch die Krankheit zwei Menschen ihr Ich verloren;

Herr Reisinger, weil er sich selbst nicht mehr helfen konnte, Frau Reisinger, weil ihr Leben nur noch in der Hilfe für einen anderen Menschen bestand.

Liebe deinen Nächsten wie dich selbst, hieß es. Aber in dieser Ehe war die Selbstliebe von beiden Partnern ganz aufgegeben worden, von dem einen, weil er sein Selbst, sein Ich wegen einer Erkrankung nicht mehr hatte, und von dem anderen, weil er sich selbst für den anderen aufgeopfert hatte.

„Ich kann Ihren Mann nicht weiter behandeln", hatte Manuel Frau Reisinger erklärt. „Nicht nur, weil ich in Rente gehe, sondern auch, weil psychotherapeutisch ihrem Mann nicht mehr zu helfen ist, es sind organische Prozesse in seinem Gehirn, die den Krankheitsverlauf bestimmen, und dabei ist er medikamentös so optimal eingestellt, wie es geht." Darüber hatte er mit seinem Kollegen, einem Internisten, gesprochen.

Sie hatte zuerst nicht aufgesehen, und wie er auf ihr gesenktes Gesicht hinuntersah und ihr stummes Leiden und Flehen spürte, war es ihm so nahe gegangen, dass ihm fast die Tränen kamen, wie konnte ihm das passieren nach Jahrzehnten beruflicher Tätigkeit war er noch immer nicht professionell genug, oder, gerade durch diese vielen Jahre und sein vorgerücktes Alter war er weniger professionell, sondern immer dünnhäutiger geworden.

Sie sprach kein Wort, eine schmale, unscheinbare Frau in den Fünfzigern, gebeugte Schultern, abgemagert, leicht ergrautes Haar, blasses Gesicht, traurige Augen, sensible Hände, sie hatte keine großen Ansprüche ans Leben, Kinder hatten sie keine bekommen, aber ihre Ehe war bis zur Erkrankung ihres Mannes einigermaßen glücklich gewesen, das hatte man ihr jetzt genommen − er fühlte sich immer wieder mitschuldig an ihrem Schicksal, weil er es nicht ändern konnte, obwohl sie so große Hoffnungen in ihn setze, und mit dem, was er ihr sagen musste, kam er sich brutal und herzlos vor.

Sie schwiegen einige Minuten, was half da reden, er blieb ihre einzige Hoffnung, sie hatte alle ihre Erwartungen auf ihn übertragen, gegen diese Übertragung war er machtlos, so sachlich er auch immer wieder mit der Situation umzugehen versuchte, nach außen gelang ihm dieses einigermaßen, innerlich nicht, und er spürte, dass sie spürte, dass sie am rauen Klang seiner Stimme, an der Art, wie er sie ansah und nicht ansah, dass er nicht so hart war, wie er erscheinen wollte.

Gut erinnerte er sich noch an ihre erste Begegnung, in der sie ihm schilderte, wie peinlich es sie berührt hatte, als ihr Mann Freunde, die jedes Jahr in der Weihnachtszeit von weit her angereist kamen, um einige Tage bei ihnen zu bleiben, nach einer halben Stunde fragte, wann sie denn wieder gehen wollte, diese Unfreundlichkeit und Aggressivität verletzte sie tief, und immer wieder war es für sie schwer, sein Verhalten als krankhaft einzuordnen.

„Gut", hatte er schließlich gesagt.- „Ihr Mann kann weiter einmal die Woche zu mir kommen, ich behandle ihn kostenlos weiter", und dann ergänzte er, als er ihre Dankbarkeit bemerkte, die schon an Verehrung, als habe er das Schicksal ihres Mannes und das ihre in der Hand:

„Sie wissen ja, dass wir die Krankheit ihres Mannes nicht heilen, nur begleiten- können. Aber dabei will ich Sie gerne weiterhin unterstützen." Sie nickte stumm, wieder bewunderte Manuel ihre Leidensbereitschaft und Leidensfähigkeit, die an Selbstaufgabe grenzte. -

Etwa zehn Minuten, nachdem er Frau Reisinger angerufen hatte, schellte sie an seiner Haustür, um ihren Mann abzuholen.

„Seltsam", sagte sie. „Dass er den Weg zu Ihnen gefunden hat, aber den Heimweg nicht mehr weiß". -

Manuel nickte.

„Es ist unberechenbar und unvorhersehbar, was bei ihm an Erinnerung und Orientierung noch vorhanden ist", sagte er.

„Er vermag seine Gedanken bewusst zu steuern, sondern wird durch sein Unbewusstes bestimmt."

„Was aus einem Menschen werden kann", seufzte Frau Reisinger. „Sie hätten ihn früher mal erleben müssen, er war so ein fröhlicher, tatkräftiger Mensch."

Ja, überlegte Manuel, was war der Mensch? War er sein Bewusstsein, sein Verstand, sein Gehirn, oder waren diese nur die äußeren Grundlagen für sein Menschsein, war dieses von jenem abhängig oder blieb es auch unabhängig von ihm vorhanden, wenn es sich zurückbildete.

Reisingers Menschsein, sein menschenwürdiges Leben wurde jetzt durch seine Frau und ihre aufopferungsvolle Liebe mehr als durch ihn selbst festgehalten, er hatte sich selbst, sein Ich verloren, die Liebe seiner Frau hielt ihn noch fest – ihn? Was von ihm? Seine äußere Gestalt. Wo war jetzt seien Seele, sein Charakter, sein besonderes Wesen, war er mit seinen verloren gegangenen Erinnerungen mit verloren gegangen?

Wie oft hatte ihm Frau Reisinger über ihren Mann geklagt, dass sie ihn gar nicht wiedererkenne, sie müsse ihn behandeln wie ein kleines unvernünftiges Kind, er wisse selbst gar nicht mehr, was er tue und wer er sei, und auch sie fragte er am Tag mehrmals, wer sie denn sei und wie sie heiße.

Manuel wurde durch diese und andere Äußerungen von ihr zu tiefgehenden Reflexionen über das Ich eines Menschen angeregt.

Es bestand ja wesentlich im Bewusstsein, besser im Empfinden seiner selbst, in seinen körperlichen, seelischen, geistigen Dimensionen, die wiederum in stetem Austausch mit der Außenwelt gebildet wurden,

Wenn nun aber die Selbst- und Außenwahrnehmung gestört war, wie konnte sich da das Ich eines solchermaßen kranken Menschen erhalten?

Und wie war es bei einem einigermaßen gesunden Menschen? Gewiss nicht absolut anders, denn auch die Eigen- und Außenwahrnehmung eines Gesunden war ja Schwankungen unterworfen.

Die eigene Wahrnehmung der eignen Person in ihrer körperlichen, seelischen und geistigen Lebensfunktionen war gewiss die Voraussetzung für ein Ich und für dessen Bewusstsein für sich selber, diese Wahrnehmung bestand sowohl in der Wahrnehmung einzelner Funktionen wie in der Summierung aller einzelnen Selbst - und Fremdwahrnehmungen in Vergangenheit und Gegenwart, erst in dieser Summierung erfuhr ein Mensch die Konzentration auf sein Ich, und doch war das Ich auch damit noch nicht hinreichend definiert, es bildete sich erst dann, wenn nach dieser Wahrnehmung ein Vorgang geschah, dessen Wesen in seiner Nichtfassbarkeit bestand, wäre er fassbar, wäre er wieder gegenständlich und damit nicht das Ich, also erst in der Abstraktion, in der Loslösung von aller Wahrnehmung, aller Erscheinung war die Leerstelle für das Ich, diese Loslösung war genauso notwendige Voraussetzung wie die vorherige Einbindung in die Eigen- und Fremdwahrnehmung.

Als Manuel einmal mit seinem Freund Sebastian, seines Zeichens Religions- und Deutschlehrer am hiesigen Gymnasium über dieses Thema gesprochen hatte, ergänzte dieser:

„Und diese Abstraktion, diese Loslösung des Ichs von allem Sichtbaren und Begreifbaren führt uns zu der Vermutung, dass es aus dem Bereich des unsichtbaren, also aus dem des unsichtbaren Gottes stammt."

X

Leichter Schneefall hatte eingesetzt.

Schweigend gingen sie neben einander her, sie hatten die Altstadt mit ihren Gässchen gerade hinter sich gelassen und gingen nun die Promenade am Fluss entlang, Manuel beobachtete, wie die Flocken auf das Wasser fielen und dort ertranken.

„Leiblichkeit ist das Ende aller Werke Gottes", sagte Sebastian. Er grinste. „Nicht, dass du meinst, das käme von mir, Friedrich Christoph Oetinger, ein Theologe aus dem 18. Jahrhundert hat es gesagt. Er meinte damit die neue, astrale, unzerstörbare Leiblichkeit, die jeder Mensch jetzt bereits verborgen neben seiner irdischen in sich trägt und mit der er am Ende, wenn Himmel und Erde vergehen, in der neuen, himmlischen Stadt Gottes, in seiner neuen Welt auf ewig lebt."

„Das wird Frau Reisinger wenig trösten", sagte Manuel und verbarg auch in seiner Stimme den Sarkasmus nicht, der ihn beim Anhören der theologischen Erläuterungen seines Freundes ankam.

„Du müsstest sie mal sehen, wie ein Häufchen Elend sitzt sie jedes Mal vor mir, liebe deinen Nächsten wie dich selbst, heißt es ja auch, um dir mal theologisch zu antworten. Das hieße für Frau Reisinger jetzt, ihren Mann in ein Heim zu geben und mehr an sich selbst und ihr eigenes Leben zu denken, aber das kann sie nicht, das könnte sie sich selber nie verzeihen, dazu hätte sie die Härte nicht. Und ihr Selbstbild passte nicht dazu."

„Dann ist sie ja doch nicht so selbstlos, wie du denkst", antwortete Sebastian. „Sie ist leicht depressiv", sagte Manuel. „Und das permanent. Das hörst du schon an ihrer Stimme, immer ein leicht klagender Ton."

„Das ist ja kein Leben mehr – für beide", stellte Sebastian fest. Der Geruch von Bratwurst, gebrannten Mandeln und Glühwein stieg ihm in die Nase, sie hatten sich dem Weihnachtsmarkt genähert, schon sahen sie die ersten Buden. „Wir haben auch nur ein Leben", stellte er fest. „Jedenfalls hier auf Erden. Was hülfe es jetzt deiner Frau Reisinger, wenn wir auch noch Depressionen kriegen. Also lass und etwas für die Stimmung tun, ich lade dich zu einer Bratwurst und Glühwein ein, Essen und Trinken hält bekanntlich Leib und Seele beisammen."

Sie hatten gerade beide das erste Mal in ihre Bratwurst gebissen, als Manuel der Bissen im Halse steckenblieb:

In der Bude hinter ihnen standen Herr und Frau Reisinger, von denen sie eben noch gesprochen hatten, sie hielt ihn bei der Hand und betrachtete die ausgestellten Holzfiguren, er stierte ausdruckslos vor sich hin.

„Das gibt es doch gar nicht", sagte Manuel. „Gerade reden wir von den beiden und da stehen sie dort drüben vor der Bude mit den Holzfiguren".

Sebastian wandte sich um und beobachtete das Ehepaar.

„Ist nicht möglich", sagte er. „Wenn man vom Teufel spricht…".

„Lass und weitergehen", sagte Manuel. „Das könnte ich jetzt hier auf dem Weihnachtsmarkt nicht gut vertragen – eine Begegnung mit den beiden."

Aber es war bereits zu spät, Herr Reisinger hatte ihn bereits entdeckt und wiedererkannt, manchmal funktionierte sein Gedächtnis noch verblüffend gut. Er zerrte seine Frau am Arm und wies auf die beiden Männer am Würstchenstand hinüber. Als Frau Reisinger Manuel erkannte, erhellte sich ihr Gesicht, es war unübersehbar, wie sehr sie sich darüber freute, den Therapeuten ihres Mannes zu treffen, der ja für sie dessen Therapeut blieben, auch wenn er in Rente gegangen war und ihren Mann nur noch privat behandelte. Und „privat" hatte in diesem Fall nichts mit einer Versicherungsart, sondern mit einer persönlichen Beziehung zu tun. Sie winkte ihnen zu, nahm ihren Mann an der Hand und kam zu ihnen herüber.

„Sie auch hier", sagte sie und reichte ihnen beiden die Hand. „Wir nehmen beide auch eine Bratwurst". Manuel spürte, wie sehr Frau Reisinger daran gelegen war, ihrer Begegnung einen normalen, freundschaftlichen Charakter zu geben, offensichtlich war sie bemüht, die Krankheit ihres Mannes zu überspielen; Manuel ging auf, wie sehr die Demenz ihres Mannes sie in ihrer gesamten Existenz bedrohte, nicht nur nervlich und seelisch, sondern auch sozial durch eine gesellschaftliche Isolation, die ihr ihre Würde und Achtung zu nehmen drohte.

Manuel überlegte, wie sie Herrn und Frau Reisinger wieder entkommen konnten – als er sich bei solchen Gedanken ertappte, wurde ihm klar, dass sein Beruf ihn bisher sowohl Menschen nahe gebracht als auch fern gehalten hatte, sein professionelles Verhalten gegenüber seinen Patienten war gleichzeitig auch Nicht-Verhalten, eine Abwendung von ihnen und ein Schutz für ihn gewesen, es hatte ihm die Möglichkeit gegeben, sich nicht wirklich in seinem Inneren von ihnen berühren zu lassen, so war es ihm immer gelungen, sein Privatleben von seinem Beruf zu trennen.

Und nun ging ihm plötzlich diese Frau in ihrer verzweifelten Fürsorge für ihren dementen Mann nahe, ihre Tapferkeit, mit der sie ihrer beider Würde, ihre Teilhabe am gesellschaftlichen Leben, so jetzt in der Begegnung mit ihm und seinem Freund, zu wahren versuchte. Ihm fiel plötzlich auf, wie hübsch Freu Reisinger war, auch wenn ihr Gesicht durch die jahrelange Anspannung leidvolle Züge angenommen hatte, war sie eine schöne Frau geblieben, ja, bei genauerem Hinsehen und längerem Bedenken war sie sogar noch schöner geworden, weil ihr Gesicht an Tiefe und Ausdruck gewonnen hatte.

„Wir laden Sie ein", sagte Sebastian zu Manuels Erstaunen. Offensichtlich schien ihm Frau Reisinger zu gefallen, denn er wandte den Blick nicht mehr von ihr. „Ich meine, mein Freund hier, er freut sich sicherlich, sie beide hier zu treffen." Bei dieser letzten Bemerkung grinste er Manuel herausfordernd an. Dieser wunderte sich nicht, kannte er doch die ironische, leicht zynische Art seines Freundes nur zu gut.

„Natürlich", sagte er. „Wie schön, Sie beide hier zu treffen,"

„Wir freuen uns auch", sagte Frau Reisinger. „Ist ja auch wichtig, dass man mal rauskommt."

Sebastian lächelte sie an, er war sichtlich beeindruckt von ihr.

„Aber wir sollten uns duzen", sagte er. „Ich weiß ja, wie schwer sich mein Freund hier damit tut, ich muss ihn immer erst etwas aus seiner Reserve locken, also ich bin der Sebastian, und dies hier ist mein Freund Manuel, der hinter seiner professionellen Fassade ein sehr weiches Herz verbirgt."

Die Offenherzigkeit seines Freundes hatte Manuel immer schon gestört, sprach er Sebastian darauf an, begründete dieser sie mit dem Gebot der Nächstenliebe, dem er in seinem Leben folgen wollte.

Manchmal wusste Manuel nicht, ob sie nur Habitus oder echte Herzlichkeit war, wahrscheinlich enthielt sie immer etwas von beidem.

Zu Manuels Verwunderung wurde Frau Reisinger jetzt rot, hatte sie ihn bisher verstohlen gemustert, wandte sie nun ihr Gesicht ab.

„Aber natürlich können wir uns duzen, ich bin die Edith und mein Mann heißt Arnold", sagte sie. „Und eure Einladung nehmen wir

gerne an, wenn wir euch dafür auf das Riesenrad einladen dürfen." –

X

Frau Reisinger, oder besser Edith, wie sie jetzt für Manuel hieß, führte ihren Mann an der Hand wie ein kleines Kind, und er ließ sich willig von ihr in die Kabine des Riesenrades führen.

Das Interesse seines Freundes an Edith war Manuel im höchsten Maße peinlich, auch wenn man davon ausgehen konnte, dass ihr dementer

Mann davon nichts mitbekam, hielt verhielt sich Sebastian völlig unangemessen. Er erklärte ihr die verschiedenen Aussichten auf die Stadtteile, die unter ihnen lagen, es entging ihm in seiner Begeisterung, dass diese nur freundlich nickte, sich hin und wieder lächelnd zu Manuel umsah, um ihm anzudeuten, dass sie seinen Freund aus Höflichkeit nicht unterbrechen wollte, allerdings auch ohne ihn selber über die Aussicht unter ihnen Bescheid wusste.

Manuel lächelte zurück, und so entstand zwischen ihnen eine Art stille Übereinstimmung ein, die sie miteinander zu Vertrauten machte.

Der junge Mann war ihnen bis zu dem Augenblick nicht aufgefallen, als er sich von seinem Platz erhob und die Tür der Kabine zu öffnen versuchte – dies nicht etwa, nachdem sie eine Runde gefahren und wieder am Boden angelangt waren. Er stand in dem Augenblick auf, als die Fahrt gleichsam ihren Höhepunkt erreicht hatte, sie hielt am Zenit und blieb stehen, damit die Insassen genug Zeit hatten, in Ruhe ihre Blicke in die Ferne schweifen zu lassen.

Und wahrhaftig, es war ein wunderbarer, befreiender Anblick, fand Manuel, unter ihnen das blaue, im Licht einer strahlenden Wintersonne glitzernde breite Band des Flusses, und zuerst glaubte er, auch der junge Mann neben ihm sei deshalb von seinem Sitz aufgestanden und an die Kabinentür getreten, um den Ausblick besser genießen zu können.

Als er aber jetzt die Kabinentür zu öffnen versuchte, wurde ihm klar, dass dieser junge Mann seinem Leben durch einen Sprung in die Tiefe ein Ende machen wollte.

„Was haben Sie vor", hörte er Edith fragen, „kommen Sie doch von der Tür weg".

Es war bezeichnend, dass sie als erste reagierte, während sein Freund Sebastian und Manuel noch nicht zu reagieren vermochten, sie hatte in den Jahren der Krankheit ihres Mannes gelernt, wachsam zu sein, da dieser jederzeit zu eine ihn und andere gefährdende Handlung vollziehen konnte, das Anstellen des Herdes war nur eine davon.

„Sie wollen sich doch nicht etwa da hinunterstürzen", sagte sie und wies dabei aus dem Fenster in die Tiefe hinunter.

„Halten Sie den Mund", antwortete der junge Mann. Erst jetzt fiel Manuel sein verstörtes Gesicht auf, seine Hosenbeine waren teils aufgerissen, sein Haar ungekämmt und aus dem zerschlissenen Parka, den er trug, holte er jetzt ein Klappmesser hervor.

„Und bleiben Sie alle da, wo sie sind."

Nach diesen Worten zog er eine Schnapsflasche aus einer anderen Tasche seines Parkas eine Schnapsflasche heraus, öffnete sie und trank sie bis zur Hälfte aus. Offensichtlich muss er sich Mut antrinken, bevor er springt, dachte Manuel. Er hatte jetzt die Situation erfasst, der junge Mann, es mochte ein Student sein, hatte von vorneherein geplant, sich auf diese Weise das Leben zu nehmen, auch daran, dass die Kabinentür verschlossen war, hatte er wohl gedacht, denn er versuchte diese nun, mit dem aufgeklappten Messer zu öffnen.

„Ich werde meinem Leben heute und hier ein Ende bereiten", sagte er, ohne sich umzusehen. „Daran wird mich keiner hindern."

Was jetzt geschah, hätte Manuel der Frau seines ehemaligen Klienten nie zugetraut, er hätte es nicht für möglich gehalten, es passte im ersten Augenblick überhaupt nicht zu dem zurückhaltenden, leidensbereiten Wesen der Frau Reisinger, wie er sie bisher kannte.

Aber kannte er sie denn wirklich schon? Und wie weit war das, wozu ein Mensch fähig war, ja, was er war, nicht immer abhängig von der Situation, in der er sich befand, und war das Überraschende dann nicht doch gar nicht so überraschend, weil es im Verborgenen geschlummert und sich lange vorbreitet hatte.

Es zeigte sich, dass diese Edith Reisniger in der Zeit, in der sie ihren Mann nun in seiner Alzheimererkrankung pflegte, eine Stärke gewonnen hatte, die sonst nicht zum Vorschein gekommen wäre.

Sie war aufgestanden, ohne auf die Warnung des jungen Mannes zu achten und hatte sich dicht vor ihn gestellt.

„Sehen Sie einmal hier meinen Mann an."

Herr Reisinger saß teilnahmslos auf seinem Platz in der Gondel, er war damit beschäftigt, seinen Mantel auf und zuzuknöpfen, von dem, was um ihn herum geschah, nahm er nichts wahr.

„Er hat Alzheimer, und wir wissen nicht, wie lange er noch zu leben hat, und das Leben mit ihm ist für mich ein einziger Alptraum, aber werfe ich deshalb mein Leben weg?"

Verblüfft und sprachlos starrte der junge Mann auf die sich immer mehr ereifernde Frau, die sich da zwischen ihn und die Gondeltür geschoben hatte.

„Und sehen Sie mal auf die Menschen dort unten auf dem Weihnachtsmarkt, wollen Sie denen so ein Weihnachten bereiten, dass sie ansehen müssen, wie sich ein junger Mensch vor ihren Augen das Leben nimmt."

Und als sie merkte, dass ihre Worte bei dem jungen Mann ihre Wirkung nicht verfehlten, setze sie hinzu:

„Egal, wie furchtbar das ist, was Sie erlebt haben, denken Sie mal an andere, dann wird Ihnen das, was Sie jetzt in den Selbstmord treiben will, nicht mehr ganz so entsetzlich erscheinen.“

„Sie wissen ja gar nichts“, sagte er, sein blasses, zerquältes Gesicht hatte er Edith jetzt halb zugekehrt, während Manuels Freund und er selbst, der Profi, noch immer kein Wort gesagt hatten, entwickelte sie mehr und mehr eine Stärke, die Manuel ihr nie zugetraut hätte.

Offensichtlich hatte der junge Mann sich in seiner Verzweiflung alles anders vorgestellt, er hatte weder mit einer verschlossenen Tür noch mit einer energischen Frau wie Edith gerechnet, die durch die Alzheimererkrankung ihres Mannes hatte über sich hinauswachsen müssen, und von dieser ihrer erworbenen Stärke profitierte nun auch er.

„Dann sagen Sie uns, was Sie so verzweifeln lässt", sagte Edith in ruhigem Ton, noch immer versperrte sie mit ihrem Körper die Gondeltür und ließ so keinen Zweifel daran aufkommen, dass jeder Versuch des jungen Mannes, die Tür zu öffnen, von ihr verhindert werden würde.

„Sie wissen ja nicht, wie es ist, wenn einen ein Mensch, den man über alles liebt, so enttäuscht", sagte der junge Mann, und seine Stimme bekam plötzlich einen weinerlichen Klang. Erst jetzt fiel Manuel auf, wie jung er noch sein musste, höchstens siebzehn Jahre, so schätzte er. „Ich liebe sie seit Jahren, und sie beachtet mich gar nicht."

Liebeskummer, na klar, dachte der Psychologe in Manuel, eine der häufigsten Selbstmordursachen in diesem Alter.

„Haben sie ihr denn mal gesagt, dass sie sie liebe?", fragte Edith jetzt, ihre Stimme klang dabei weich und einfühlsam. Dabei hatte sie die Hand auf den Arm des jungen Mannes gelegt, instinktiv fühlte sie, dass körperlicher Kontakt den jungen Mann beruhigen würde.

Wie gut sie das alles macht, dachte Manuel, ich könnte es als Profi nicht besser machen, ein Naturtalent ist sie.

Der junge Mann nickte, jetzt traten Tränen in seine Augen, hinter seiner trotzigen, wild entschlossenen Fassade offenbarte er jetzt einen äußerst sensiblen Kern.

„Gestern, aber sie hat nur gelacht. Sie hat mich ausgelacht, so einen wie mich könnte sie an jedem Finger zehnmal haben, mit mir sei doch nichts los, ich wäre ein Langweiler, hat sie gesagt."

Neben Manuel dessen Freund Sebastian und dem Ehepaar Reisinger befanden sich nur noch ein älteres Ehepaar in der Gondel, von dem sich nun der Mann von seinem Sitz erhoben und sich dem jungen Mann jungen Mann genähert hatte.

„Deswegen macht man seinem Leben kein Ende, reißen Sie sich doch mal zusammen", sagte er und schlug dem jungen Mann jovial auf die Schulter, sein Einfühlungsvermögen entsprach offensichtlich nicht der Situation, denn der junge Mann wich zurück und begann sofort wieder mit seinem Versuch, die Gondeltür mit seinem Taschenmesser zu öffnen.

„Ich weiß, wie Sie sich fühlen", sagte Edith, ihre Stimme klang sanft und ruhig, aber auch energisch. „Ich mache dasselbe durch wie Sie."

Der junge Mann hielt inne und sah Edith an, etwas an ihrer Stimme und an dem, was sie sagte, schien ihn zu erstaunen.

„Ja, glauben Sie mir nur, auch ich war schon mal so weit, mir das Leben nehmen zu wollen", fuhr Edith fort.

Manuel und sein Freund Sebastian waren zu reinen Zuschauern degradiert, sie spürten beide, dass es in dieser Situation hilfreicher war, sich nicht einzumischen, sondern Edith Reisinger alles Weitere zu überlassen.

„Das da ist Arnold, mein Mann", sagte Edith. „Er hat seit drei Jahren Alzheimer und ich weiß nicht, ob Sie ahnen, was das für mich bedeutet." Ihr sonst eher verschlossenes Gesicht hatte jetzt einen konzentrierten, energischen Ausdruck angenommen.

Also so versucht sie es, dachte Manuel. Sie will ihn von seiner eigenen Situation ablenken, sie will ihn auf das Leid anderer aufmerksam machen, damit er seines nicht mehr ganz so wichtig nimmt. Hoffentlich gelingt es ihr.

„Kann schon sein, dass das nicht einfach für Sie ist", sagte der junge Mann. „Aber das hilft mir nicht. Sie sind wenigstens mit ihm zusammen, aber der Mensch, den ich seit Jahren über alles liebe, will mich nicht."

Jetzt begann er zu schluchzen, das Selbstmitleid übermannte ihn, aber wer weinen kann, der findet auch aus seinem seelischen Tief wieder heraus, dachte Manuel hoffnungsvoll.

Er bewunderte Edith, sie war offensichtlich ein Naturlatent als Psychotherapeutin.

„Ja, weinen Sie nur", sagte Edith. „Das hilft schon etwas. Wenn man auch sonst an der Misere nichts ändern kann, erleichtert einen das wenigstens ein bisschen."

Dann legte sie ihren Arm um den jungen Mann und erstaunlicherweise wies dieser ihre Berührung nicht zurück wie die des älteren, jovialen Herrn.

Plötzlich erhob sich Herr Reisinger, der bisher teilnahmslos in einer Ecke der Gondel gesessen hatte, und schob seine Frau beiseite.

„Lass doch den jungen Mann aussteigen", sagte er in verärgertem, aggressivem Ton, den Manuel von ihm des Öfteren erlebt hatte. Offensichtlich dachte er, sie befänden sich am Boden, dass sie etwa hundert Meter in der Höhe schwebten, war ihm entgangen.

„Du setzt dich sofort wieder auf deinen Platz", sagte Edith energisch, und tatsächlich, so abrupt, wie er sich erhoben hatte, so unmittelbar folgte Herr Reisinger auch der Anweisung seiner Frau und setzte sich wieder auf seinen Platz.

„Merken Sie nicht, dass Ihre Ausweglosigkeit daherkommt, dass sie nur an sich denken" wandte sie sich wieder an den jungen Studenten. „Wenn ich das so machen würde, hätte ich meinen kranken Mann schon längst verlassen, und glauben Sie mir, ich war oft mit meinen Nerven am Ende. Aber ich habe mir dann immer wieder gesagt: Wenn ich aufgeben würde, wäre das sehr egoistisch, ich habe meine Nerven nicht nur für mich und dass ich sie schone, sondern für meinen Mann und wenn mich das auch alle meine Kräfte kostet. Aufgeben ist keine Alternative, auch nicht für Sie."

Manuel stellte wieder erstaunt fest, dass Edith wohl genau den richtigen Ton getroffen hatte, um den jungen Mann in seiner Verzweiflung zu erreichen, auch ihre Worte mussten ihn beeindrucken, denn er antwortete jetzt:

„Ich bin kein Egoist, was meinen Sie, was ich nicht schon alles für sie getan habe. Ich habe ihr beim Umzug geholfen, alle ihre Arbeiten habe ich durchgesehen und verbessert."

„Sie fühlen sich zurückgestoßen und ungeliebt, das verstehe ich ", sagte Edith jetzt und Manuel bewunderte sie, er durchschaute ihre Taktik, sie wollten den jungen Studenten in ein Gespräch verwickeln, um ihn so von seinem Vorhaben abzubringen, weiter die Gondeltür mit seinem Messer öffnen zu wollen. „Aber man hat nie ein Recht auf Liebe, sie wird immer nur geschenkt, aber man kann sie sich nicht verdienen."

Jetzt wandte sie sich an Sebastian, Manuels Freund hatte bislang wie er selber die Szene nur beobachtet, aber nun stellte er fest, dass er innerlich keineswegs unbeteiligt, sondern in höchstem Maße betroffen war.

„Sie sind doch Theologe, was sagen Sie denn unserem jungen, verzweifelten Freund hier." Bei der Vorstellung auf dem Weihnachtsmarkt hatte Manuel seinen Freund als Lehrer vorgestellt, und Edith hatte sofort nach seinen Fächern gefragt.

Statt einen Rat zu geben antwortete Sebastian ausweichend:

„Ich versteh das nicht", sagte er. „Wieso dreht die Gondel sich nicht endlich weiter, so lange können sie die doch nicht anhalten."

Auch Manuel sah jetzt wieder hinunter in die Tiefe, er war nicht schwindelfrei, wenn er zu lange hinuntersah, wurde ihm schwindelig, jetzt gewahrte er einen Techniker in blauen Anzug, der sich in das Maschinenhaus neben dem Riesenrad begab. Scheinbar gab es einen Defekt, der erst repariert werden musste, bevor die Gondel sich weiterdrehen konnte.

„Ist das das Einzige, was sie beisteuern können", sagte Edith, und wieder wunderte Manuel sich darüber, was Extremsituationen aus Menschen machen konnten, entweder wurden sie schwächer oder stärker durch sie, oder vielmehr, es offenbarte sich nur, was ohnehin bereits in ihnen angelegt war, aber bisher nicht hatte in Erscheinung treten können.

„Sie glauben doch an Gott, sagen Sie unserem jungen verzweifelten Freund hier etwas Hilfreiches, damit er neuen Mut bekommt."

Sebastian sah in das verstörte Gesicht des jungen Mannes, dessen Augen noch immer allein auf die Frau vor ihm gerichtet war, die so energisch und eindringlich zu ihm geredet hatte.

„Das können Sie doch den Menschen dort unten nicht antun", hörte Manuel jetzt seinen Freund sagen. „Dass sie mitansehen müssen, wie ein Mensch vor ihren Augen in den Selbstmord springt – und das auch jetzt noch in der Weihnachtszeit."

Manuel fand, dass es so ziemlich das Dümmste war, was sein Freund in dieser Situation hatte sagen können.

Und richtig, sogleich begann der junge Nann wieder mit seinem Messer an dem Schloss der Gondeltür zu hantieren.

„Das ist mir doch ganz egal", sagte er trotzig. „Wer kümmert sich denn um mich, ich bin doch auch allen egal."

„Das sind Sie nicht", sagte Edith. „Wenn Sie das glauben, dann wollen sie es glauben, sie reden es sich selber ein. Aber es stimmt nicht, und das wissen sie auch. Sie werden Vater und Mutter und Geschwister haben, andere Kommilitonen, die Sie schätzen, und auch uns, die wir für Sie eben noch Fremde waren, ist Ihr Schicksal jetzt nicht mehr gleichgültig."

Einen Augenblick hielt sie inne.

„Mir jedenfalls sind Sie nicht egal", ergänzte sie dann, und legte dabei ihre Hand behutsam auf den Arm des jungen Studenten.

„Wir sind Gott alle einen Christus wert", hörte Manuel plötzlich seinen Freund mit ganz anderer Stimme sagen, es war jetzt eine Festigkeit und Eindringlichkeit in seiner Stimme, die aus letzter Überzeugung kam. „Und dieser Christus wusste, wie Ihnen jetzt zumute ist, als er am Kreuz schrie: Mein Gott, mein Gott, warum hast du mich verlassen."

Einen Augenblick erwartete Manuel, dass der junge Mann mit Ablehnung reagieren werde – aber seltsamerweise tat er dies nicht, sondern begann plötzlich zu zittern und in großes

Schluchzen auszubrechen. Sebastian trat zu ihm und legte die Arme um ihn. —

Einige Wochen nach diesem Vorfall in der Gondel des Riesenrades starb Herr Reisinger. In diesen Wochen hatte sich eine intensivere Beziehung zwischen Edith, seiner Frau, und Sebastian ergeben.

„Tut mir leid mein Freund", sagte dieser einmal zu Manuel, weil er glaubte, ihn trösten zu müssen, „dass sich Edith anscheinend für mich entschieden hat. Ich habe ja gemerkt, dass ihr euch nicht ganz gleichgültig wart."

„Man muss auch gönnen können", sagte Manuel. „Und was für eine Frau Edith ist, habe ich bis zu unserem Gondelerlebnis nicht gewusst. Ihr wart da schon das bessere Team. Woher hast du eigentlich damals plötzlich die rechten Worte und die Überzeugungskraft bekommen, den jungen Mann vom Sprung aus der Gondel abzuhalten?"

Sebastian antwortete: „Ich wusste, dass er nie tiefer als in Gottes Hand hätte fallen können, auch wenn er gesprungen wäre. Noch im freien Fall wäre er geborgen gewesen. Ich fühlte plötzlich einen großen Frieden in mir, der muss sich auf ihn übertragen haben."

Manuel sah seinen Freund nachdenklich an.

„So fühle ich mich zurzeit aus: Wie im freien Fall, mein Leben macht so wenig Sinn, jetzt ohne meinen Beruf und nur das Alter vor sich."

„Auch du, mein Freund", sagte Sebastian, „wirst es erfahren, was es heißt, im freien Fall und dennoch geborgen zu sein."

„Gott gebe es", sagte Manuel, und er war selber erstaunt darüber, dass seine Worte nicht einmal ironisch klagen.

„Es gibt noch eine Menge zu tun für dich", sagte Sebastian. „Nach der Erfahrung in der Gondel wurde Edith und mir klar, dass wir an der Uni eine Beratungsstelle gründen wollten, um Studierenden bei ihren Problemen Hilfe anzubieten. Uns fehlt noch ein Psychologe, und da kommst du uns Spiel."

Jetzt musste Manuel lachen: „Eine Witwe, ein Schmalspurtheologe und ein ausgemusterter Psychologe – was für ein Dreamteam!"

„Da ist er ja wieder, mein alter Manuel, mit seinem Galgenhumor, den ich so liebe," sagte Sebastian und legte den Arm um seinen Freund.

***

Wintersonnenstrahlen

Es blitzt.

Nicht jenes unheilschwangere Blitzen,

dem ein lauter Donner folgt,

nicht jenes gefürchtete Aufblitzen

von „Starenkästen" für zu schnelles Autofahren,

sondern jenes stille, vergnügliche Aufleuchten

der Wintersonnenstrahlen in frostiger Luft.

Wenn sich nach trüben Novembertagen

der Grau-Schleier von der Seele hebt,

wenn es aus vielen Fensterscheiben

plötzlich zu blitzen beginnt,

weil sich die Wintersonne durch dunkle Wolken

endlich ihren Weg zu uns freigekämpft hat

und vom klar-blauen Himmel ihr Licht

in unsere Augen und Herzen sendet.

Dann ist es, als ob sich hinter Straßenecken

lachende Kindergesichter zeigen,

um sich rasch wieder vor uns zu verstecken.

Diesen Schabernack lassen wir uns gern gefallen,

erheitert machen wir gute Miene zu gutem
Spiel,

kündigt sich doch mit dieser Wintersonne

auch jene andere, weihnachtliche Sonne an,

die unsere Herzen auf ewig zu erhellen vermag.

Ist so trotz eisiger Kälte

die Atmosphäre voll geheimer Freude,

ist die Macht der Dunkelheit

auch in uns plötzlich besiegt

durch die Macht der Liebe –

dann kann es Weihnachten werden.

***

Ganz plötzlich war sie da

Plötzlich war sie da

Ich hatte schon nicht mehr mit ihr gerechnet,

sie abgelegt im Vergessen

wie anderes aus der Kindheit,

gute oder vielmehr schlechte Gründe gefunden,

warum es sie für mich nicht mehr geben konnte,

warum ich sie verloren hatte in all den Jahren

der alltäglichen Pflichterfüllung,

sie war nicht mehr auffindbar,

in der fernen Welt der Kindheit verschollen,

vergraben auch unter dem Schutt und Geröll

zerstörter Hoffnungen und Träume,

und dann plötzlich stieg sie doch in mir auf,

völlig unerwartet, geschenkt, von wem?

Eben gerade nicht von mir gemacht,

nicht erarbeitet, nicht mehr erhofft,

und gerade deshalb und nur so

wurde ich von ihr, der Weihnachtsfreude,

so froh überrascht und wieder gefunden,

denn ich war für sie verlorengegangen,

und nicht sie, wie ich geglaubt hatte,

war die Verlorene;

um mich wieder zum Kind zu machen,

das nur empfangen kann, ohne zu leisten,

sprach der Weihnachtsengel auch zu mir

wie damals zu den Hirten: Siehe,

ich verkündige **dir** große Freude,

die allem Volk widerfahren wird,

denn **dir** ist heute der Heiland geboren.

***

Traumdeutung

Einige vor Weihnachten beschäftigte sich Matthias Siebert, Gymnasiallehrer für Deutsch, Geschichte und Religion wieder einmal mit der Weihnachtsgeschichte, weil er sie mit seinen Schülern in der letzten Stunde vor den Ferien besprechen wollte.

In der Nacht träumte er von den drei Weisen und Joseph sehr intensiv, sodass er am anderen Morgen Mühe hatte in den Alltag zurückzufinden, aber er tröstete sich damit, dass es ihm damit nicht besser erging als den Menschen, von denen er geträumt hatte:

Als die drei Weisen aus dem Morgenland ihre Schätze, Gold, Weihrauch und Myrrhe dem Kind geschenkt hatte, wurde ihnen im Traum befohlen, nicht wieder zum König Herodes zurückzukehren, so zogen sie auf einem anderen Weg wieder in ihr Land. Als sie weggezogen waren, so heißt es im Evangelium, da erschien der Engel des Herrn dem Josef im Traum und sprach: Steh auf, nimm das Kindlein und seine

Mutter mit dir und flieh nach Ägypten und bleib dort, bis ich`s dir sage; denn Herodes hat vor, das Kindlein zu suchen, um es umzubringen.

Sein ganzes Leben hatte Matthias Siebert mit Träumen zu tun, sein Traumleben verstärkte sich noch, je älter er wurde, sodass er beschlossen hatte, sich mit diesem Thema intensiver zu beschäftigen, und zu diesem Zweck hatte er das Buch von Sigmund Freud über die Traumdeutung gekauft und gelesen: Im Traum verarbeiten wir die ins Unterbewusstsein eingedrungen Eindrücke des Lebens, Träume sind Wunscherfüllungen, die wir uns in Geschehnissen vorstellen und wie Reales erleben, sie sind oft geistreich und sogar witzig.

In der Nacht hatte plötzlich Joseph vor ihm gestanden, er hatte sich zunächst bei ihm beschwert über den Traum, den er gehabt habe, sonst sei er als Zimmermann eigentlich mehr ein Realist und kein Träumer, aber er, Matthias Siebert, hätte gewiss Verständnis für seinen Traum, er sei ja ein Träumer, das sei doch richtig? Fragend sah er ihn, Matthias Siebert nickte, obwohl er sich einen Augenblick wunderte, woher Joseph ihn kannte, aber es gab im Traum ohnehin nur Wundersames und kein Ausweichen, es sei denn, er erwachte, aber das wollte er doch noch nicht, dazu interessierte ihn das, was Joseph ihm zu erzählen hatte doch zu sehr. „Ich habe bisher noch mit niemanden darüber gesprochen", sagte Joseph jetzt, er hatte sich scheinbar mich, Matthias Siebert, Gymnasiallehrer im einundzwanzigsten Jahrhundert nach Christis Geburt, um über diese Geburt Christi zu sprechen. „Im Evangelium heißt es ja nur, dass ich am Morgen nach meinem Traum aufstand, das Kindlein und seine Mutter mit sich bei Nacht nahm und nach Ägypten entwich und dort blieb bis nach dem Tod des Herodes, damit erfüllt würde, was Gott durch den Propheten Hosea gesprochen hatte, dass er nämlich seinen Sohn auf Ägypten gerufen habe. Aber du kannst mir glauben, so einfach war das alles doch nicht für mich, ich sollte also meine Heimat in Nazareth verlassen, meine Werkstatt, die ich dort hatte und meine ganze Verwandtschaft." So wie ich mich über Josephs Erscheinen wundertes, so wunderte ich mich auch zuerst wieder, dass er mich sofort duzte, aber er wollte so wohl eine Nähe und ein Vertrauen zwischen uns herstellen, auf dessen Grundlage er mir Persönliches anvertrauen konnte. „Das hört sich für mich ähnlich an wie bei Abraham, er sollte ja auch aus seiner Heimat ausziehen, wie Gott ihm gebot," sagte ich. Joseph nickte. „Eben", sagte er, „das dachte ich damals auch, und deshalb war ich ja auch gehorsam. Aber woher kennst du meinen Vorfahren Abraham, du bist doch gar kein Jude?".

„Ich bin Lehrer für evangelische Religion, und die Bibel handelt von Gottes Volk und Jesus, seinem Sohn," sagte ich, und er musste an meiner Stimme hören, dass ich etwas eingeschnappt war. „Ich wollte dich nicht beleidigen", sagte er. „Und du sagst ja auch richtig, dass Jesus Gottes Sohn war." Er hielt einen Augenblick inne. „Ich habe ihn auch liebgehabt wie meine anderen, eigenen Söhne, seine leiblichen Brüder. Aber dann haben wir beide, Maria und ich, immer wieder gemerkt, dass Jesus nicht nur Mensch, sondern auch Sohn Gottes war." Jetzt hatte ich die Gelegenheit, ihm meine Bibelkenntnisse unter Beweis zu stellen: „Ja, ich weiß", sagte ich. „Damals, als ihr ihn bei der Heimkehr vom Fest in Jerusalem vermisst habt und er bei den Schriftgelehrten im Tempel geblieben war, um ihnen die Schrift zu erklären. Muss ich nicht in dem sein, was meines Vaters ist, hat er euch dann erklärt. Aber ihr habt ihn damals nicht verstanden. Er ist dann als euer gehorsames Kind mit euch gekommen."

„Du kennst dich auch gut aus in der Heiligen Schrift," sagte Joseph bewundernd. „Woher weißt du das alles, du warst doch damals gar nicht dabei."

„Es steht alles im Neuen Testament, es ist der zweite Teil unserer Bibel, die Evangelisten haben uns alles berichtet, was damals geschehen ist." Seltsam, dachte Matthias Siebert, hatte Freud

festgestellt, dass Menschen in ihren Träumen
die Wirklichkeit verarbeiteten, so war es hier,
mit dem Joseph aus der Weihnachtsgeschichte
genau umgekehrt: Er musste seinen Traum
durch die Wirklichkeit, durch das, was der
Traum bis zu mir, zwei Jahrtausende später,
bewirkt hatte: „Hättest du, Joseph, damals nicht
diesen Traum gehabt, und hättest du ihn nicht
als Gebot Gottes beachtet, hätte Jesus als Kind
nicht überlebt, wäre er nicht seinen Weg ans
Kreuz gegangen, wäre er nicht auferstanden,
wäre er jetzt nicht im Himmel an der rechten
Seite Gottes und mit seinem Geist auch jetzt
hier bei uns, in seinem Geist sind auch wir beide,
du, Joseph und ich, Matthias Siebert, über
Jahrtausende hin miteinander verbunden. Und
mit uns die große Schar aller Christen aller Orten
und Zeiten, die an ihn glauben, das Volk Gottes
aus Juden und Heiden." Josephs sah mich
dankbar an, sein Gesicht hatte sich aufgehellt:
„Es tut gut, mit dir über das von damals zu
sprechen. Es ist ja richtig, dass ich den Traum als
Gottes Auftrag an mich richtig gedeutet habe,

aber verstanden habe ich das alles nicht so ganz, auch nicht, dass nicht ich, sondern Gott sein Vater und er sein Sohn war. Aber jetzt, nachdem ich mit dir gesprochen habe, wird mir alles viel klarer, auch das, was mir meine anderen Söhne erzählt haben, als sie ihm einmal auf seinen Wanderungen begegnet sind. Sie waren zuerst etwas schockiert über Jesu Worte."

„Ich weiß", sagte Matthias Siebert und lächelte, wieder kam ihm seine profunde Bibelkenntnis zu gute. „Die Menschen um Jesus haben ihm gemeldet, seine Brüder seien gekommen, aber da hat er auf die Umstehenden, die ihm nachfolgten, gezeigt und gesagt: Diese, die den Willen tun meines Vaters im Himmel sind meine Schwestern und Brüder. Er meinte damit, dass alle Menschen, die Christi Geist haben, Schwestern und Brüder sind."

„Wenn du mir alles so gut erklären kannst," sagte Joseph, „dann kannst du mir gewiss auch sagen, warum König Herodes solch einen Hass auf Jesus hatte, dass er ihn umbringen wollte und ich deshalb mit Ihm und Maria deshalb damals nach Ägypten fliehen musste?"

„Das hat sich im Laufe der Geschichte von deiner bis in meine Zeit hinein immer wiederholt," erklärte ich ihm. „Die Mächte und Mächtigen dieser Welt wollen Jesus, dem Gott alle Macht im Himmel und auf Erden gegeben hat, nicht anerkennen, weil sie sich selbst und ihre Macht lieber haben, sie wollen sich ihm einfach nicht unterwerfen. Deshalb kam es, seit ihr damals von Herodes verfolgt wurde, immer wieder zu Christenverfolgungen. Aber immer wieder hat Gott den Christen – so wie dir damals durch sein Wort im Traum – geholfen. Und das wird er auch weiter tun, bis er in Macht und Herrlichkeit wiederkommt.

Jetzt lächelte auch Joseph und mit einem Handschlag verabschiedete er sich von mir:

„Darauf wollen wir beide geduldig warten", sagte er. „Ich danke dir für dieses Gespräch, Bruder Matthias, du hast mir sehr geholfen, und nun schlafe gut weiter – traumlos."

Der Siegesheld

Gerade erst hatte Gott seinen Sohn gegeben,

mit ihm Rettung aus dem Tod und ewiges Leben,

da wird ihm schon nach dem Leben getrachtet,

König Herodes fühlte sich durch ihn entmachtet.

Doch Gott ist König über alle Könige auf Erden,

dessen sollen alle Menschen innewerden,

so gebot er im Traum den drei Weisen

auf einem anderen Weg heimzureisen.

Weil Herodes das Jesuskind ermorden wollte,

Joseph nicht mehr nach Nazareth ziehen sollte,

wie die Weisen folgte er gehorsam Gottes Wort,

damals wie heute ist es ein sicherer Hort.

Wer auf Gottes Wort hört und darauf baut,

wird zwar geprüft, ob er ihm wirklich vertraut,

aber auf all seinen Wegen durch diese Welt,

erfährt er den Sohn Gottes als Siegesheld.

***

Der Weihnachtsmarkt

Der Weihnachtsmarkt hat viele Lichter,

vor jeder Bude wird es heller Tag;

und jede hat für staunende Gesichter,

so viele Herrlichkeiten wie man mag.

Ein Kind steht lang vor den Süßigkeiten,

die Münze fest in seiner Hand;

Mandeln, Marzipan und viele Köstlichkeiten,

von allem ist es wie gebannt.

Rote, gelbe, weiße Kugeln schimmern,

ein buntes Glitzern wie aus einer Zauberwelt;

und überall ein silbernes Lametta-Flittern,

das rings die Dunkelheit erhellt.

Kinderaugen werden weit,

ein kleines Herz ist voll verlangen,

jetzt und hier und alle Zeit,

nur Schönes zu empfangen.

Wünsche ändern sich im Leben,

es bleibt das Sehnen nach dem wahren Licht,

Gott hat es uns in seinem Sohn gegeben,

dies Licht allein verlässt uns ewig nicht.

***

Beinahe eine Freundschaft

Es ereignete sich am letzten Schultag vor den Weihnachtsferien, ich erinnere mich genau, es ereignete sich das, was sich nicht ereignete, aber eben dies, dass es sich nicht ereignete, war das Ereignis, das mich ein Leben begleiten sollte.

Es war kalt, ein feiner weißer Nebel hing in den Straßen, Reste verharschten Schnees lagen am Rand der Bordsteinkanten und auf den Bürgersteigen, die Welt gab sich farblos in Schwarz-Weiß, ein milchiger, trüber Himmel ließ der Wintersonne keine Chance, ihr mattes, gebrochenes Licht verbreitete eine gewisse Melancholie, die in der emotionalen Ungewissheit gründete darüber, wie es denn nun weitergehen würde mit diesem Tag, der kaum Tageslicht hatte. Umso mehr ersehnte man das Weihnachtslicht, das Licht, das von dem Kind in der Krippe ausgehen würde, und die mit adventlichen Lichterketten geschmückten Straßen – das wusste ich – würden gegen Abend eingeschaltet und zu Hoffnungszeichen für dieses Licht werden. –

Es war uns in der letzten Unterrichtsstunde wieder einmal gelungen, unseren Geschichtslehrer auf sein Lieblingsthema zu bringen, bei dem er immer wieder einmal gerne verweilte:

Auf seinen beinahe gelungenen Versuch, den Partisanenführer Tito in Jugoslawien gegen Ende des 2. Weltkrieges noch gefangen zu nehmen.

Nein, es war ihm dann doch nicht gelungen, das wussten wir längst, aber immer wieder hörten wir seine Schilderungen aus den letzten Kriegsmonaten mit Anteilnahme, sein auch in der Erinnerung noch intensives Erleben übertrug sich auf uns, und wir litten mit ihm und amüsierten uns gleichzeitig auch ein wenig über ihn, wie sehr es ihm auch bei jedem wiederholten Erzählen neu unbegreiflich, ja unverzeihlich war, dass ihm diese wohl geschichtsmächtige Tat missglückt war.

Jede moralische Wertung blendete unser Geschichtslehrer bei seinem Erlebnisbericht aus seiner Zeit als Oberst der deutschen Wehrmacht aus, die Verbrechen der Nazizeit waren nicht Gegenstand seines Erlebens und Erzählens, hier ging es ja – so kam es uns Schülern vor – einerseits um ein verlorenes Räuber- und Gendarm-Spiel, und andererseits um eine Lebensphilosophie, von der wir spürten, dass sie uns selbst in andere Zusammenhängen immer wieder begegnen würde: Dass das Leben viele Möglichkeiten bereit hielt, viele Chancen – dass es aber mehr Enttäuschungen unserer Erwartungen geben würde, von deren Bewältigung unser Lebensglück in weit höherem Maße abhängig sein würde.

Etwas von seiner traurigen Resignation übertrug sich jedes Mal bei dem Bericht unseres Geschichtslehrers über seinen beinahe gelungenen, am Ende missglückten Versuch auf uns, aber es regte sich auch immer ein wenig Verachtung in unseren Seelen:

Denn verloren war verloren – ein beinahe Siegen war eben letztlich doch auch ein Verlieren und zu den Verlierern wollten wir nicht gehören.

Ob er unsere Verachtung ahnte, ja diese als eine Art verdiente Selbstbestrafung bei uns, seinen Schülern, bewusst hervorrufen wollte, wenn er uns von seiner beinahe erfolgreichen Einkesselungsaktion einer Partisanengruppe in den Bergen Jugoslawiens im Zweiten Weltkrieg erzählte, ob er seine Scham darüber auf diese Weise loszuwerden versuchte, indem er sie uns mitteilte, d.h. mit uns teilte? –

Danach aber waren wir aufgebrochen in die Weihnachtsferien, ein erleichtertes Gefühl von Freiheit, den Zwängen des Schulalltages einige Zeit entfliehen zu können begleitete mich auf dem Heimweg von der Schule.

Es hatte sich irgendwie von selbst ergeben, dass ich mit Friele – wir nannten ihn alle nur bei seinem Nachnamen – ein Stück Weg gemeinsam ging – es war eigentlich kein Umweg für mich, aber eben ein anderer Heimweg, für ihn war es der gewohnte Weg nach Hause. Mein Unterbewusstsein musste heute diesen Weg gewählt haben, weil ich einmal etwas länger mit diesem klugen, stillen Klassenkameraden zusammen sein wollte, von dem für mich in der eigenartigen Vornehmheit seines Wesens, in seiner bedachtsamen, zurückhaltenden Art, durch die große innere Ruhe, das große Selbstbewusstsein, ja, die Überlegenheit, die er ausstrahlte – für unser Alter ungewöhnlich – eine seltsame Faszination ausging. Wie er sich zu sich selber und zu uns anderen verhielt, eben in „vornehmer", aber keineswegs arroganter Weise, so verhielten sich auch die Lehrer zu ihm, er wurde „vorgenommen", vorgezogen und auch wir billigten ihm diesen Sonderstatus zu,

Er beteiligte sich am Unterricht nur wenig, wurde aber gerade deswegen von den Lehrern gelobt: Was er sagte, sei immer besonders durchdacht, ordentlich formuliert und von hoher Qualität.

Besondere Achtung bei Lehrern und Schülern hatte er sich dadurch erworben, dass er sich einmal geweigert hatte, Hausaufgaben, die uns samstags aufgegeben worden waren, bis Montag zu erledigen: Er berief sich auf ein Schulgesetz, dass dies nicht zuließ. Als er dennoch von unserem Mathematiklehrer dafür einen Eintrag ins Klassenbuch erhielt, beschwerte er sich bei unserem Klassenlehrer, der daraufhin das von ihm nach römischem Vorbild eingerichtete „Forum" einberief. Dieses hatte er eingerichtet, um jeder Gefahr eines autoritären ungerechten Verhaltens sowohl unter Schülern als auch zwischen Lehrern und Schülern begegnen zu können, nach den Erfahrungen in der Zeit des Nationalsozialismus sollte nun Demokratie herrschen. Für uns wie für den „vorgeführten" Mathematiklehrer eine außergewöhnliche Situation: Ein Lehrer, der sich vor uns rechtfertigen musste. Der Eintrag wurde zurückgenommen, noch beeindruckender aber war die ruhige, überlegene, angstfreie Art, mit der Friele sein Recht behauptete.

Dies alles – besonders meine Gefühle ihm gegenüber – hätte ich damals noch nicht in diese Worte fassen können, da sie mir unklar waren, aber es war doch so, dass ich spürte, er habe vor uns anderen einen gewissen Vorsprung dadurch, dass er bei den Erwachsenen – bei unseren Lehrern – in diesem hohen Ansehen stand, und dass ich es war, der den Heimweg seinem angepasst hatte. Nun aber war es an ihm, seinerseits ein Signal zu geben, wie es weitergehen sollte mit uns, auch im wörtlichen Sinn:

Wir waren am „Berliner Platz" angekommen, hier führte mein weg von dem seinen fort in eine andere Richtung.

Wo Friele wohnte, wusste ich nicht, in meiner Phantasie malte ich mir aus, es müsse einige Straßen weiter sein, dort warte eine Mutter von ebenso ruhigem und freundlichem Wesen wie er auf ihn, ja, diese Vorstellung zog mich ihm geradezu nach, ich wollte mehr von ihm, von seiner Umgebung, in der er lebte, erfahren.

Aber sagen konnte ich ihm dies nicht, ich wartete darauf, dass er mich einladen würde, mit ihm zu kommen, oder, dass er mich zumindest fragen würde, ob wir uns in den Ferien einmal treffen könnten.

Wenn er dies nicht täte, so fragte ich mich, ob dies dann ein deutliches Zeichen von ihm sein, dass er mich einer Freundschaft mit ihm nicht für würdig halte, und schon bei der Vorstellung seiner Zurückweisung spürte ich den Schmerz der darin enthaltenen Verachtung.

Oder, so fraget ich mich andererseits, ob er selbst einfach zu schüchtern, zu vornehm war, um eine solche Einladung auszusprechen? Wollte er vielleicht durch seine geheimnisvolle Zurückhaltung in der Schule seine innere Verletzlichkeit vor weiterer Kenntnis schützen? Ich hielt ihn für ebenso feinfühlig wie mich selber, aber ich sollte noch lernen, dass ein feinfühliger Mensch nicht auch schon ein feiner Mensch war.

Oder wollte er etwa einen anderen unserer Klassenkameraden lieber als Freund, hatte er diesen schon längst heimlich ausersehen, und hatte er es schon als aufdringlich empfunden, dass ich mich ihm angeschlossen hatte?

Es mögen nur wenige Minuten gewesen sein, dass wir innegehalten haben an jener Stelle, dass sich entweder unsere Wege trennen oder endgültig zu einem Weg beginnender Freundschaft wurden.

Es war kalt, der Schnee auf dem Bürgersteig unter unseren Schuhen war schmutzig und verharscht, nichts hielt uns hier auf diesem belebten Platz, an dem die Autos an uns vorbeirasten – unwirklich war es, es gab keinen äußeren Grund hier zu verweilen, die Entscheidung, wie es weitergehen sollte mit uns beiden musste schnell fallen – alles andere war sowohl für ihn als auch für mich nur schmerzlich, ich fühlte neben der Kälte, die mich nicht nur äußerlich, sondern auch innerlich zu beschleichen begann, den nagenden, feinen „Peinlichkeit" dieser Situation.

Aber er, der Bedachtsame oder auch Arrogante blieb mit geheimnisvollem, lächelndem Gesicht stumm.

„Ich hätte es ihm gegönnt, dass es ihm gelungen wäre, den Partisanenführer gefangen zu nehmen", sagte ich. „Du auch? Wenn es ihm gelungen wäre, stünde sein Name jetzt bestimmt in unserem Geschichtsbuch."

Es war von mir aus wie eine Hand, die ich ihm entgegenstreckte, zaghaft, unsicher aber mit der Bitte, nimm sie, ich wage es ja nicht, zu dir zu kommen in deine Zurückhaltung, die für mich nicht ganz erklärbar, durchschaubar ist, ja, sprich nur ein Wort als Brücke zu dir, dann hast du mich, dann komme ich zu dir in deine Welt, öffne sie wenigstens für mich, denn es geht mir ja ähnlich, auch ich ziehe mich ja lieber in mich zurück.

Sein Lächeln wurde noch feiner, es war nur um seine Augen, jedes Wort, das er nun sprach, schien unendlich wertvoll, wären jedem Lehrer ein „Sehr gut" wert gewesen, und in großzügiger Vornehmheit sprach er die Worte, ohne mich dabei anzusehen:

„Es gibt in der Geschichte kein „Wenn" und „Wäre", sie beruht auf Fakten, alles andere sind müßige Fragestellungen."

Mit dem Ausdruck „müßige Fragestellungen", die kein anderer Schüler in unserem Alter gewählt hätte, machte er wieder seinen großen Bildungsabstand deutlich, der zwischen ihm und uns anderen herrschte, aber er sagte dies in leisem, wohlwollendem Ton, mir war immer noch nicht klar, ob seine Worte nun eine behutsame Zurückweisung oder eine behutsame Einladung waren, gehörte die Zweideutigkeit etwa zu seinem Wesen und war unüberwindbar?

Noch schien mir alles offen – noch schien mir alles möglich, noch schien sich alles Erhoffte, eben eine Freundschaft zwischen uns, entwickeln zu können., Nähe, Vertrauen zu einander und damit auch Selbstvertrauen, ja es schien mir, als hinge mein ganzes weiteres Leben davon ab, ob es mir gelänge, die Freundschaft dieses bewunderten, feinsinnigen, innerlich scheinbar so reichen Menschen zu erringen.

Aus seinen Worten sprach wieder all das, was er und ich nicht besaß:

Selbstbewusstsein, Selbstsicherheit, Gleichmut – das waren seine Stärken und gleichzeitig – wie mir später klar wurde – seine Schwächen, während ich auch damals schon von Selbstunsicherheit Nervosität, Ängsten und Ehrgeiz angetrieben wurde und ihn gerade darum so sehr bewunderte, ja beneidete.

War es also nur meine Selbstunsicherheit, die es jetzt zu überwinden galt, meine eigene Scheu und Feigheit?

Oder war es dieser andere Mensch selbst, etwas Unklares in ihm, oder auch sein klarer Wille, der gegen mich stand, seine Verachtung, ja Ablehnung, die er vor mir in seiner ihm eigenen vornehmen Art verbarg?

Wie sehr sehnte ich mich in diesem Augenblick nach dieser Freundschaft, sehnte mich danach, endlich eine verwandte Seele, wie ich glaubte, aufschließen zu können und mich ihr zu öffnen.

Würde es mir gelingen – ich fürchtete zu sehr den Schmerz der Niederlage bei einer Zurückweisung, wollte sie auf jeden Fall vermeiden, wollte mich immer noch selbst zurückziehen können beim kleinsten Signal seinerseits, dass ich ihm als Freund nicht recht war, dass er mein Verhalten als aufdringlich empfand.

„Ich meine nur, er wird es nie ganz überwinden, dass er es nicht geschafft hat", sagte ich.

Er zuckte die Achseln und lächelte in seiner stillen, freundlichen Art, war dabei aber weitergegangen, schien einerseits zu erwarten, dass ich ihn weiter begleitete, andererseits schien es ihm auch gleichgültig zu sein, wenn wir uns trennen würden.

Machte es wirklich keinen Unterschied für ihn aus? – Zweideutigkeit und Undurchschaubarkeit schienen negative Wesenszüge bei ihm zu sein, die zu ihm gehörten wie seine positiven, anziehenden, ja, die einen schienen die Voraussetzung für die anderen zu sein.

Nicht, dass ich bewusst stehengeblieben wäre oder mich von ihm abgewandt hätte, nicht, dass er mich bewusst stehengelassen hätte – wir kamen nur eben nicht zusammen, mehr und mehr vergrößerte sich unser Abstand voneinander, nach einigen Schritten sah er sich noch einmal halb nach mir um, als erwarte er, dass ich ihm nachliefe, aber ich hatte nicht die Gewissheit, dass ich dies wahrhaftig wollte, eingeladen hatte er mich dazu nicht.

Nicht, dass wir uns bewusst gegen eine Freundschaft entschieden hätten, sie war uns eben nicht gelungen wie unserem Geschichtslehrer der Sieg über den Partisanen-Führer misslungen war – es hätte Widerstände überwunden werden müssen, Angst und Stolz, Isolationen hätten sich auflösen müssen, Schmerzen hätten empfunden werden müssen,

Risiken hätten eingegangen, Ichsucht und Eitelkeiten hätten aufgegeben werden müssen, und so blieb eben jeder bei sich selbst, der große Schmerz einer Enttäuschung, aber auch die große Freude einer Erfüllung blieben aus – aber eine feine, ganz zarte Traurigkeit blieb in mir seit damals zurück und schwebte im Verborgenen mit bei jeder Beziehung, die ich einging, sie rührte her von dieser seelischen Wunde, die immer wieder einmal aufbrach und letztlich nicht heilte, weil ich immer noch nach den letzten Ursachen für sie suchte.

So sehr hatte sich unser Geschichtslehrer diesen einen großen Triumpf über seinen Feind gewünscht, so sehr hatte ich mir das Glück der Freundschaft mit meinem Klassenkameraden gewünscht – beide Wünsche blieben unerfüllt: Denn beinahe verlieren ist genauso schlecht wie ganz verlieren – beinahe eine Freundschaft ist genauso schlecht wie gar keine Freundschaft, und dass meine Traurigkeit der nicht überwundenen Ich-Einsamkeit ein allgemeines Menschheitsschicksal war, das erst durch den einen, von Gott selbst gesandten vollkommenen

Menschen und seiner Liebe zu uns Menschen überwunden werden konnte, erfuhr ich erst später. Euch habe ich Freunde genannt, sagte er zu seinen Jüngern.

Unter christlichen Studenten erlebte ich dann eine vertrauensvolle Offenheit, die von ihm ausging, indem sein Geist uns die füreinander in Liebe öffnete, ohne dass wir fürchten mussten, nicht angenommen und zurückgewiesen zu werden, denn es war nicht mehr unser alter Geist, sondern der neue Geist Gottes, nicht der Furcht, sondern der Kraft, der Liebe und der Besonnenheit.

Wenn wir einander auf dem Hochschulgelände suchten, so pfiffen wir die Anfangsmelodie eines Liedes von Ernst Gebhardt als Erkennungszeichen, und sogleich war unserer Begegnung die Freundschaft gegeben, die in eine Liebe gründet, die nicht bei sich selbst geblieben ist, sondern sich hingegeben hat: „Welch ein Freund ist unser Jesus… sind von Freunden wir verlassen und wir gehen ins Gebet, o, so ist uns Jesus alles: König, Priester und Prophet".

Ich weiß noch, dass es damals für mich ein etwas trauriges Weihnachtsfest wurde, die Enttäuschung war doch zu groß, alle Geschenke, die ich bekam, konnten nicht über den einen Verlust dieser „Beinahe-Freundschaft" hinwegtrösten. Aber heute weiß ich, dass auch dies zu meinem Leben dazugehören musste, denn wie hätte ich wahre Freundschaft bei Jesus finden sollen, wenn ich nicht vorher erfahren und erkannt hätte, dass sie uns Menschen nicht mehr ohne ihn gelingen kann, und wie könnte es die Osterfreude geben ohne den Weg Jesu von der Krippe zum Kreuz.

Zu Weihnachten gehört neben der Weihnachtsfreude, die der Engel den Hirten verkündigte, eben auch die Unfreundlichkeit der Menschen, mit der Jesus auf Erden empfangen wurde, für den kein Raum in der Herberge war, der aber immer wieder die Menschen zu seinen Freunden macht, die sich von seinem Geist erneuern lassen.

***

Advent heißt Ankunft

Kein Mensch lebt

allein aus eigener Kraft,

er braucht den **Glauben**

an einen anderen,

damit er nicht stirbt

mitten im Leben.

Kein Mensch lebt

allein von seinen Erfahrungen,

er braucht die **Hoffnung**

auf eine Zukunft,

damit er nicht stirbt

mitten im Leben.

Menschen leben

gemeinsam von der **Liebe**

des ganz Anderen,

des Sohnes Gottes,

dessen Ankunft

ihre Zukunft ist.

***

Sie hatten keinen Raum in der Herberge

Du, unser Heiland, findest Raum auf Erden

bei Menschen, die durch dich gerettet werden,

die in dir den Sohn Gottes erkennen,

und sich zu dir vor aller Welt bekennen.

Du wirst verworfen von der Welt,

obwohl nur deine Liebe und Gnade sie erhält.

Dass du der Herr über alle Herren bist –

vielen Menschen **noch** verborgen ist.

Du nimmst auf dich unser Gericht,

schenkst uns stattdessen Gottes Heil und Licht,

Katastrophen, Hunger, Leid und Krieg –

alles Dunkel weicht einmal doch deinem Sieg.

***

In einem Augenblick verwandelt

Diese Geschichte, die ich hier erzähle, handelt vom Sein und von Nichtsein, ähnlich dem Wort Hamlets bei Shakespeare: Sein oder Nichtsein, das ist hier die Frage.

Es gibt plötzlich verschwundene Gegenstände, sie lösen sich in Nichts auf, auch wenn es zunächst nur einzelne Gegenstände sind, so kündigen sie doch bereits das Verschwinden der ganzen Welt an.–

Es gibt Geistesmächte – weltanschauliche, religiöse und politische –, die ebenso plötzlich vergehen wie sie aus dem Nichts entstanden zu sein scheinen. –

Und es gibt Menschen, die ent-schwinden, sie lösen sich nicht in Nichts auf, nein, sie gehen aus dieser Welt entweder in die ewige Verdammnis oder in den ewigen Himmel.

Gott nimmt sie während ihrer Erdenzeit in seinen Dienst zu der Zeit und an dem Ort und auf die Weise, die er allein bestimmt, so wie in der

Apostelgeschichte geschildert wird, dass Philippus entrückt wurde, nachdem er den Kämmerer aus Äthiopien auf den Geheiß Gottes hin getauft hatte: Der Kämmerer sah ihn nicht mehr. Aber nun zog er fröhlich seiner Straße. Die Begegnung hatte sein Leben grundlegend verändert, er hatte das gefunden, wonach er immer gesucht hatte. –

Und es gibt diese Welt, die einmal entschwinden wird. Belegstellen hierfür finden sich im letzten Buch der Heiligen Schrift, der Offenbarung, in der es heißt, dass am Ende dieser Welt Gott auf seinem großen, weißen Thron sitzt, und dass vor seinem Angesicht die Erde und der Himmel fliehen und keine Stätte für sie mehr gefunden wird, dass es aber einen neuen Himmel und eine neue Erde geben wird, denn der erste Himmel und die erste Erde werden vergehen.

Beginnen wir bei den Gegenständen.

Ich hatte Probleme mit dem Sehen bekommen, deshalb hatte er sich eine Sonnenbrille gekauft, die er beim Autofahren trug; als ich sie einmal nach einem Einkauf auf dem Parkplatz eines

Supermarktes in meinem Auto von der Rückbank, auf die ich sie zuvor abgelegt hatte, nehmen wollte, hatte sie sich wortwörtlich in Luft aufgelöst. Es gab sie nicht mehr. So oft ich auch das ganze Auto durchsuchte, sie blieb verschwunden.

Ich musste mir eine neue kaufen, deren Qualität bedeutend größer war als die erste – auch dies schon ein Hinweis für ihn, warum mir die alte Brille abhandengekommen war. Vielmehr noch aber war es die innere Ermahnung an mich, mich nicht über meine Augenprobleme zu zersorgen, gemäß dem Wort: Gott behütete ihn wie seinen Augapfel.

Es musste also mit rechten Dingen zugegangen sein, als meine Brille verschwunden war, und als mir bei der Vorbereitung der Weihnachtspredigt in einem Traum wenige Tage vor dem Heiligen Abend einer der Hirten erschien, die die Weihnachtsbotschaft als erstes gehört hatten, gingen mir auch die Augen dafür auf, wer dahinterstand, ja wer überhaupt alles Geschehen in meinem Leben regierte, der dafür sorgte, dass mir alle Dinge zum Besten dienen mussten:

Es waren Gott und seine Engel, die damals auch den Hirten die frohe Botschaft vom Kommen des Heilandes verkündigt hatten und danach wieder entschwunden, gen Himmel gefahren waren:

Geblieben aber wer den Hirten ihr Wort und die Erde und der Sohn Gottes, der als Kind in einer Krippe in einem Stall zu ihnen auf die Erde gekommen war: „Da sie es aber gesehen hatten, bereiteten sie das Wort aus, welches zu ihnen von diesem Kinde gesagt war. Und alle, vor die es kam, wunderten sich über die Rede, die ihnen die Hirten gesagt hatten."

„Ja, so war es, die Leute wunderten sich" erzählte mir der Hirte David, als ich meine Weihnachtspredigt vorbereitete. Er stand vor mit auf meinem Schreibtisch, während ich die Weihnachtspredigt schrieb so wie jedes Jahr, wenn ich ihn in der Adventszeit aus dem Schrank holte, damit er mich bei meinen Vorbereitungen auf das Fest inspirierte, aber dass er mich ansprach, das geschah in diesem Jahr zum ersten Mal. „Als erstes wunderte sich meine Frau. Als ich ihr von dem Engel erzählte und von dem, was er uns verkündet hatte, sagte sie nachsichtig: Das ist wieder typisch für dich: Ich weiß ja, dass du dich hin und wieder wir der König David vorkommst. Aber dass jetzt auch deine Kollegen zu spinnen beginnen, wie du das hinbekommen hast, das verwundert mich tatsächlich sehr. – Du kannst mir schon glauben, versuchte ich sie zu überzeugen. Die Engel waren wirklich da, es war plötzlich mitten in der Nacht taghell um uns her und wir haben deutlich gehört, was sie uns sagten. Und wir haben das Kind dann auch wirklich in der Krippe gefunden, wie sie es gesagt hatten. – Wer will denn wissen, ob das wirklich der Messias ist, wandte meine Frau, während unseres Gesprächs hatte sie unseren jüngsten Sohn, Manuel auf dem Schoß. – Das kann auch nur irgendein israelitisches Kind sein wie unseres auch. Der Messias, wenn er denn kommt, liegt bestimmt nicht in einer Krippe hier in unserem armen kleinen Bethlehem, sondern im Palast im mächtigen Jerusalem."

Seine Worte erinnerten mich ein wenig an die ernüchternde Art, mit der meine Frau hin und wieder meinte, „den Pastor mal wieder auf den Boden der Tatsachen" zurückholen zu müssen.

Gerne hätte ich deshalb den Hirten David jetzt damit getröstet, dass es mir mit meiner Frau nicht anders gehe als ihm mit der seinen, aber er war jetzt so in Fahrt, dass ich ihn nicht unterbrechen, sondern zunächst einmal nur erzählen lassen wollte.

„Nein, widersprach ich meiner Frau", berichtete mir mein Hirte weiter. „Auch wenn der Ton in ihrer Stimme schon sehr gereizt klang und mich vor einer drohenden Auseinandersetzung warnen sollte, konnte ich doch diesmal nicht schweigen, um einem möglichen Streit aus dem Wege zu gehen. Was ich gehört und gesehen hatte, das hatte ich gehört und gesehen. Ruth, sagte ich deshalb, du weißt doch, was im Propheten Micha steht: Und du, Bethlehem Efrata, die du klein bist unter den Städten in Juda, aus dir soll mir der kommen, der in Israel Herr sei, dessen Ausgang von Anfang und von Ewigkeit her gewesen ist. – Jetzt wurde sie richtig böse, sie verzog spöttisch ihr Gesicht und antwortete: Das ist mal wieder typisch für dich, wenn du nicht weiterweißt, zitierst du aus der Bibel. Du wärest wohl gerne einer dieser Schriftgelehrten in

Jerusalem, dabei bist du nur ein einfacher armer Hirte in einem verlassenen Dorf mit Namen Bethlehem. – Ich wusste ja, dass sie nicht zufrieden mit meinem Beruf war, und dass sie meine Frömmigkeit für übertrieben hielt und meine Schriftstudien belächelte. Aber nun hatte sich doch das erfüllt, was ich gelesen hatte. – Du musst mir einfach glauben, so wie wir den Engeln und ihren Worten geglaubt haben. Es war alles so, wie sie es uns gesagt hatten. – Was habt ihr da schon sehen, entgegnete sie. Ein Baby in der Krippe. Ein Kind wie jedes andere. – Einen Augenblick hielt sie inne und überlegte wohl, ob sie das Folgende sagen sollte, aber da sie heute ohnehin schlechter Laune war, fuhr sie fort: Und dein eigenes taubes Kind vergisst du dabei. Hier, nimm du ihn mal. – Und mit diesen Worten hielt sie mir Manuel entgegen, ich nahm ihn auf den Arm, er lächelte mich an und ich nannte seinen Namen, obwohl ich wusste, dass er mich nicht hören konnte, auch wenn seine Gehörlosigkeit angeboren war, hatte ich die Hoffnung, dass Gott ihm eines Tages doch sein Gehör schenken würde, nie aufgegeben. Aber auch diesmal merkte ich wieder, dass es mir mit meiner Frau ähnlich ging wie Abraham mit seiner Frau Sarah, die auch nicht an die Verheißung der Boten Gottes glauben wollte, als diese ihr sagten, sie werde in ihrem hohen Alter noch ein Kind gebären. Und richtig, wie Sarah damals über die Worte der drei Boten lachte, so lachte auch Ruth mich jetzt aus: Und wenn es auch wirklich der Messias sein sollte, dieses Kind in der Krippe, ich glaube nicht, dass ihr Hirten die seid, denen Gott seinen Messias als erstes zeigen will. Wo euch doch die Schafe nicht einmal selbst gehören und ihr sie nur für die Dorfbewohner hütet. – Jetzt wurde sie beleidigend, sie verletzte, das wusste ich, weil sie selbst verletzt war, ihr Vater war ein angesehener Rabbiner gewesen, und sie musste sich mit dem einfachen Leben an der Seite eines einfachen Hirten abfinden, das fiel ihr schwer. Aber sie hatte auch ihre guten Seiten, auch jetzt tat es ihr leid, im Grunde meinte sie mit ihrer Unzufriedenheit ja nicht mich, sondern meinen Beruf, und so sagte sie jetzt: Es gib doch einen ganz einfachen Weg festzustellen, ob du recht hast und das Kind in der Krippe wirklich unser Messias ist.– Ich sah sie fragend an, denn ich konnte mir nicht denken, was sie meinte. – Wir gehen mit unserem Manuel zum Stall zu diesem Kind in der Krippe, sagte sie, wenn er wirklich der Messias ist hat er die Kraft Gottes und kann ihn gesund machen, dass er hören kann."–

Mein Hirte war aus weichem Lindenholz geschnitzt, das scheinbar seinem weichen Charakter entsprach, und er hatte einen süßen, lieblichen Geruch, wenn ich ihn dicht unter die Nase hielt, auch das schien seinem Wesen zu entsprachen, denn er war wohl ein sehr lieber Mensch. Er hatte das linke Bein vorgestreckt, das rechte zog er gerade nach, er war im Aufbruch, in Bewegung – wohin sonst als zum Kind in der Krippe.

Er erzählte mir dann weiter, dass seine Frau, seitdem sie mit ihrem Kind bei dem Jesuskind gewesen seien, wie verwandelt gewesen sei. Allen ihren Nachbarn erzählte sie davon, wie ihr Manuel nach dem Besuch bei Maria und Josef und dem Jesuskind im Stall plötzlich habe hören können.

Sie habe ihren Manuel auf den Arm genommen und ihm das Kind in der Krippe gezeigt, und genau in diesem Augenblick sei das Kind aufgewacht und habe zu lallen begonnen. Da habe ihr Manuel den Kopf gehoben und selber zu lallen begonnen, als habe ihn das Jesuskind angesteckt. Das sei ihr schon seltsam vorgekommen, sie habe dann bei seinem Namen gerufen, und er habe seinen Kopf sogleich zu ihr umgewandt – da habe sie gewusst, dass er hören konnte. Du kannst dir unsere Freude vorstellen – ich dachte wieder an das Wort des Engels: Siehe ich verkündige euch große Freude, die allem Volk widerfahren wird, denn euch ist heute der Heiland geboren". Ja, ein Heiland war er, und bei unserem Sohn und bei meiner Frau hat er mit dem Heilen angefangen. –

Ich freute mich mit meinem Hirten, aber dann fiel mir ein, dass ich über seine Erzählung meine Predigtvorbereitung vergessen hatte. Mein Hirte hatte ohnehin schon einen offenen, freundlichen Gesichtsausdruck, nun aber lächelte er mich sogar an: „Das ist doch gar nicht so tragisch", sagte er. „Wir beide haben ja eigentlich denselben Beruf, ich bin Hirte und weide die Schafe und die bist Pastor, was dasselbe meint, nur auf Lateinisch, und weidest die Seelen deiner Gemeindeglieder. Also nimm mich einfach mit auf die Kanzel, dass mich alle sehen können, nur erzählen musst du ihnen meine Geschichte, mir ist es nur gegeben, zu dir zu sprechen. Erzähle ihnen von dem Wunder, wie es das Jesuskind schaffte, die Taubheit meines Sohnes und meine Frau zu überwinden."

Es war in dem Augenblick, als ich davon sprach, dass es einmal noch ein zweites Weihnachten geben werde, dann, wenn Jesus wiederkäme, nun nicht mehr in Niedrigkeit und Armut, in einer Krippe und im Stall, sondern in Macht und Herrlichkeit. „Liebe Gemeinde," sagte ich. „Der Apostel Paulus sagt im ersten Brief an die Korinther: Wir werden nicht alle entschlafen, wir werden aber alle verwandelt werden; und das plötzlich, in einem Augenblick, zur Zeit der letzten Posaune. Sie verkündet laut den endgültigen Sieg Jesu über Teufel, Sünde und Krankheit, Leid und Tod, über die ganze Welt und alle ihre Mächte, sie werden vergehen und einer neuen Welt weichen müssen. Wir brauchten heute das erste Weihnachten gar nicht zu feiern, wenn wir nicht die Hoffnung auf dieses zweite Weihnachten hätten. Dafür ist dieser Hirte hier ein Zeuge, er hat erlebt, wie Jesus seinen Sohn und seine geheilt hat, weil sie zu ihm kamen und auf ihn hörten. Und auch uns soll es so ergehen wie den Menschen zur Zeit Jesus, wenn sie sich über alle Maßen wunderten und sprachen: Er hat alles wohl gemacht; die Tauben macht er hören und die Blinden sehend."

Und ich erzählte meiner Gemeinde, wie mir meine alte Sonnenbrille in Nichts aufgelöst und ich mir eine neue, bessere Brille gekauft hatte, und mir dies zum Zeichen wurde, dass ich in nichts besorgt sein sollte mein Augenlicht betreffend, dass Gott selbst mich bewahren wollte wie seinen Augapfel, und dass er eine neue vollkommene Schöpfung ohne alles Leiden schaffen werde, und dass die ganze Schöpfung seufzt und in Wehen liegt bis zu dem Augenblick, wenn dies geschieht.

***

Das „zweite" Weihnachten

Es gibt – so hören wir –

noch ein zweites Weihnachten,

es soll noch schöner sein als das erste,

das in Bethlehem und in unseren Herzen.

Es ereignet sich,

wenn Jesus wiederkommt,

nun nicht in einer Krippe im Stall,

sondern in Macht und Herrlichkeit.

Bis dahin feiern wir das erste

in Niedrigkeit und Verborgenheit,

im Glauben und noch nicht im Schauen,

auf dem Weg von der Krippe zum Kreuz.

Auf ihm aber sind wir nicht allein,

er selbst begleitet uns mit seinem Geist

und mit den Schwestern und Brüdern,

die er mit uns für Gott erwählt hat.

Manchmal scheint uns der Weg dunkel,

mühsam und beschwerlich,

wir werden ungeduldig und fragen:

Sind wir denn noch nicht bald da?

Und dann hören wir seine Stimme:

Auch euer Weg gehört schon zum Ziel,

dies zweite Weihnachten bereitet ihr

im Glauben, in Hoffnung und Liebe mit vor.

Es kommt gewiss und pünktlich.

ich verspäte mich nicht,

so gewiss, wie ich auf die Erde kam,

euch eure Schuld zu vergeben,

so gewiss werde ich

rechtzeitig wiederkommen,

euch zu mir

in den Himmel heimzuholen.

***

Ein Wort gibt das andere

Das Wort, das immer dasselbe und doch auch immer ein anderes war, wunderte sich über sich selbst:

Ganz zu Anfang war ich ein Schöpfungswort, mit dem mein Urheber die Welt aus dem Nichts geschaffen hatte und seine Menschenkinder.

Weil Gott die Liebe ist, wollte er Wesen haben, die er lieben konnte, und deshalb hat er mich als sein Wort der Liebe gesandt, um sie nach seinem Bilde als liebenswerte und liebevolle Geschöpfe zu machen, die Liebe empfangen und Liebe geben, die als Mann und Frau füreinander da sind, wie er für uns.

Dann nach dem Sündenfall wurde ich zum Gerichts- und Fluchwort über Welt und Menschheit, aber als sich mein Urheber über seine Schöpfung erbarmte, wurde ich zum Erhaltungswort, ich garantierte, dass der Kreislauf von Saat und Ernte, Frost und Hitze, Sommer und Winter, Tag und Nacht nicht aufhören werde solange die Erde steht. Aber dabei wollte es mein Urheber nicht belassen,

denn mit jedem neuen Tag würde in der
Erhaltungsordnung auch immer wieder die
Sünde erwachen, deren Herrschaft und ihren
Urheber, den Satan, den Widersacher meines
Urhebers, des allmächtigen, barmherzigen
Gottes konnte dieser nicht ewig bestehen
lassen. Deshalb ließ er mich in seinem Sohn
Fleisch werden, verkündigte er den Hirten und
allen Menschen große Freude, weil dieser nun
die Sünde und das Gericht über sie am Kreuz auf
sich nehmen sollte. Aus dem Erhaltungswort
wurde das Wort vom Kreuz, und es wurde allen
Menschen gesagt, damit ihnen geholfen werde
und sie zur Erkenntnis der Wahrheit kommen. Es
wird nicht leer zu meinem Urheber
zurückkommen, und wenn es alles ausgerichtet,
wenn es alle Erwählten vor dem Thron Gottes
versammelt hat, wird nach dem letzten Gericht
über alle Menschen mein Auftrag auf Erden
beendet sein, und ich werde im Himmel ewig
leben als Macht der vollkommenen Liebe in
Gott, der mein Urheber ist und in seinem Sohn
Jesus Christus und in seinen Brüdern und
Schwestern

Was für ein Weihnachten wird es werden?

Was für ein Weihnachten wird es werden,
bei den vielen Krisen auf Erden:
Was wird aus der Welt, und bleiben wir gesund?
fragen wir mit gutem Grund.

Sie ist nicht mehr so, wie sie sein sollte,
wie der Schöpfer sie eigentlich wollte.
Er schuf sie einst sehr gut, ein Paradies,
das er uns zu bebauen und zu bewahren hieß.

Nur gemeinsam kann uns dies gelingen,
mit Liebe, die in allen Dingen
sich solidarisch mit dem Nächsten zeigt,
wie sich Gott auch uns hat zugeneigt.

Er hat uns seinen Sohn gegeben,

mit ihm Hoffnung und ein neues Leben,

seinen Geist der Kraft und der Liebe,

damit es auf Erden nicht hoffnungslos bliebe.

Dieser Geist von Weihnachten kann uns leiten,

und uns auch dieses Jahr ein Fest bereiten,

er gibt uns Mut, Ideen, Trost und Vertrauen,

mit Christus sein Reich auf Erden zu bauen.

***

Die wunderbare, himmlische Weihnachts-Cloud

„Und alsbald war da bei dem Engel die Menge der himmlischen Heerscharen, die lobten Gott und sprachen: Ehre sei Gott in der Höhe und Friede auf Erden bei den Menschen seines Wohlgefallens", Lukas 2,13-14.

„Seht zu, dass ihr nicht einen von diesen Kleinen verachtet. Denn ich sage euch: Ihre Engel im Himmel sehen allezeit das Angesicht meines Vaters im Himmel", Matthäus 18, 10.

X

Er wusste, dass er von jedem Ort aus auf alle Texte und Bilder in seinem Computer Zugriff hatte, er konnte jederzeit alles von seinem Smartphone aus abrufen, was er gespeichert hatte, denn es war nicht nur auf der Festplatte seines Computers, sondern auch in der „Cloud" gespeichert worden.

Eine „Cloud", das war – so hatte man ihm erklärt – wie eine Wolke: Weit entfernt von einem bestimmten Ort auf Erden dort oben am Himmel, aber gerade deshalb von vielen Orten auf Erden erreichbar.

Er hatte sich angewöhnt, Tagebuch zu führen, mit Text und Bild hielt er die für ihn wichtigsten Eindrücke im Tagesablauf fest.

Jetzt hatte er mehrere Bilder von den mit Raureif wie mit Puderzucker bestreuten Zweigen und Blättern im Park gemacht und wollte sie gerade in der Cloud speichern und sich dann auf den Heimweg machen, als ihm eine Frau auffiel, die alleine auf einer Parkbank saß, sorgfältig hatte sie den Schnee beiseite geräumt, links und rechts von ihr lag er in zwei kleinen Häufchen. Zunächst wunderte er sich nur darüber, wie es sein konnte, wie man sich bei dieser Kälte auf einer Parkbank sitzen konnte. Ihr Gesicht war grob, man hätte sogar sagen könne, es hatte hässliche Züge, ihr Körper war korpulent, was durch den dicken Wintermantel, den sie trug, noch unterstrichen wurde.

Es gab keinen Grund, sie noch einmal anzusehen, und er wollte schon nach diesem ersten Blick auf sie an ihr vorbeigehen, als er noch einmal auf sein Smartphone sah und dort eine seltsame Textnachricht las: Geh nicht vorbei, sprich die Frau an, du kennst sie.

Das allerdings verwunderte ihn noch mehr, wie konnte es sein, dass er nicht nur in die Cloud Daten eingeben, sondern dass diese auch selber Daten kreieren und an ihn versenden konnte?

Ich kenne diese Frau nicht, ich habe sie noch nie gesehen, gab er in sein Smartphone ein.

Und wie du sie kennst, antwortete es aus der Cloud. Ich werde dir ein Bild von ihr senden, es zeigt, wie sie früher aussah.

Scheinbar war es möglich, mit der Cloud zu kommunizieren, stellte er fest und sah gespannt auf den Bildschirm seines Smartphones.

Nach wenigen Sekunden sah er ein junges Mädchen neben einem jungen Mann, sie hielten sich eng umschlungen und strahlten im seligen Glück ersten Verliebtseins. Es war er selbst im

Alter von zwanzig Jahren zusammen mit dem ersten Mädchen, mit dem er eine längere, intensivere Beziehung gehabt hatte, Monika hieß sie, daran konnte er sich sofort erinnern, und er bemerkte jetzt auch die Ähnlichkeiten zwischen ihr und der Frau, die dort auf der Bank saß. Umso erschreckender war die Veränderung, die mit ihr in den Jahren vorgegangen war, aus dem einst hübschen, zarten Geschöpf war eine ältere Frau geworden, ihr leicht korpulenter Körper, die seltsame Mischung feinerer und grober Gesichtszüge und die zu einem Dutt zusammengeknotete Haare hatten von Weitem wenig Anziehendes mehr, in einer Menschenmenge hätte er sie wohl kaum wieder erkannt.

„Ja, da staunst du", sagte die Frau auf der Bank jetzt. „Du überlegst, ob du mich überhaupt noch kennen oder ob du wie an einer Fremden an mit vorbeigehen willst. Aber wiedererkannt hast du mich schon."

„Natürlich habe ich dich gleich wiedererkannt, Monika", ergänzte er deshalb rasch. „Was sollen die vier Jahrzehnte. Wohnst du jetzt hier in der Stadt?"

Sie lachte und wies auf den leergeräumten Platz auf der Bank neben ihr. „Setz dich, hab`ich schon für uns freigeräumt."

„Was für ein Zufall, dass wir uns hier wiederbegegnen", sagte er, er wusste nicht recht, wie er mit der Situation umgehen sollte und wollte seine Unsicherheit überspielen.

„Kein Zufall", sagte sie und schüttelte den Kopf.

„Ja, ich bin jetzt hier in diese Stadt gezogen." Einen Augenblick hielt sie inne. „Nachdem mein Mann ist vor einem halben Jahr verstorben ist."

„Das tut mir leid", sagte er. „Mein Beileid".

„Leid hatte ich vorher", sagte sie, und ihre Stimme schien ihm jetzt wieder sehr vertraut, er vermied es, sie anzusehen, damit sie nicht sein Erschrecken über ihr verändertes Aussehen bemerkte.

„Ich habe ihn zuhause gepflegt, die letzten Monate waren für ihn und für mich sehr schwer. Es war jetzt gut, dass es zu Ende ging."

Einen Augenblick schwieg sie, dann lachte sie kurz auf.

„Und jetzt will ich einen Neuanfang. In einer anderen Stadt. Und mit dir, Matthias."

Auch an ihr Lachen konnte er sich wieder erinnern.

„Du hast mich also hier abgepasst," stellte er fest. „Du hast hier auf mich gewartet."

Sie nickte. „Wie du mich damals vor vierzig Jahren abgefangen hast, um unsere Beziehung zu beenden, so habe ich dich jetzt abgefangen, um sie wieder zu beginnen. Du hast immer wieder Schluss gemacht und zuletzt hast du mir gesagt, du liebtest mich nicht mehr."

„Ich konnte damals keine Spannungen aushalten," rechtfertigte er sich. „Das fällt mir auch heute noch schwer."

„Ja, "bestätigte sie. „Du hattest ein schwaches Nervenkostüm und warst kaum belastbar, du konntest dich schwer konzentrieren, hattest Angst, durch das Examen zu fallen, und du konntest nicht glauben, dass ich dich wirklich liebte, dir fehlte es an Selbstbewusstsein."

Was und wie sie es sagte kam ihm wieder sehr vertraut vor, er erinnerte sich an die Vorwürfe, die sie ihm damals bei ihrer Trennung gemacht hatte.

„Und ich kam einfach mit unserer Nähe nicht klar", sagte er. „Ich hatte noch viel zu viel mit mir selber zu tun, und meine Gefühle wechselten damals von Himmelhochjauchzend bis zu Todebetrübt, außerdem wollte ich wieder frei sein, fühlte mich in unserer Beziehung eingeengt, es war mein Sturm- und Drangzeit, du kamst mitten hinein, manchmal war ich wie wahnsinnig in dich verliebt, und dann waren plötzlich alle Gefühle erstorben, Und du hast immer wieder geweint, wenn es Konflikte gab, wir waren einfach noch zu unreif für eine feste Beziehung."

„Ja, du warst zu unreif und ein Phantast", stellte sie fest. „Ich nicht. Ich habe dich trotzdem und gerade deshalb liebgehabt. Und ich habe dich nie vergessen. Im Gegensatz zu dir."

„Das stimmt nicht", protestierte er wieder. „Hier, sieh in meine Cloud, ich habe unsere Bilder gespeichert."

Sie sah einige Augenblicke auf den Bildschirm seines Smartphones, dann lachte sie wieder. „Ja, von damals, als ich noch jung und schön war."

Er merkte, dass sie wieder in dasselbe Fahrwasser wie früher kamen, er musste sich dauernd verteidigen.

„Du siehst auch heute noch gut aus", sagte er. „Reifer natürlich."

„Das Leben ist nicht spurlos an uns vorübergegangen", sagte sie.

„Ja," sagte er, „wir wussten damals im Grunde nichts vom Leben. Wir waren verliebt, hatten unsere Wunschträume, und als die sich aufzulösen begannen, brach unsere Liebe wie ein Kartenhaus zusammen. War es überhaupt Liebe?"

Bisher hatte sie ihn nur von der Seite angesehen, jetzt wandte sie ihr Gesicht zu ihm und sah ihn voll an: „Das habe ich mich ein Leben lang gefragt, und um das herauszufinden, bin ich gekommen."

X

„Ja, es war Liebe", sagte sie. „Aber wir haben sie selbst zerstört, warum haben wir das getan, sag es mir, Matthias. Ich hatte mir ein Leben mit dir gewünscht, und stattdessen starb unsere Liebe?"

Durch die schneebedeckten Zweige des Baumes über ihnen fielen Sonnenstrahlen auf den Schnee, die Kristalle glitzerten und funkelten, jedes einzelne Kristall hatte seine eigene, besondere Struktur, dachte er. So wie wir beide, Monika und ich, und so wie unsere Liebe, die damals zerbrochen war.

„Der Todestrieb, Monika", antwortete er. „Es war der Destruktions- und Todestrieb."

„Hab` ich noch nie von gehört", sagte sie und sah ihn von der Seite etwas misstrauisch an. „Das ist Psychologie, nicht wahr? Die hast du auch studiert."

„Woher weißt du das?", fragte er erstaunt. „Internet", antwortete sie und lachte. „Aus dem Internet erfährst du alles. Ich habe Deinen ganzen Werdegang immer genau verfolgt."

„Ja," sagte er, „das ist Psychologie, Freud. Er ging in seiner Triebtheorie davon aus, dass es zwei unterschiedliche Primärtriebe gibt, die uns Menschen angeboren sind, der Lebens- und der Todestrieb. Der Todestrieb ist gegen die eigene Person gerichtet, der Destruktionstrieb gegen andere Menschen, er äußert sich durch Aggression, seine abgeschwächte Form ist der Sadomasochismus, und der wird es bei uns gewesen sein. Der Eros bemächtigt sich dabei des Todestriebes, sagt er, indem der Mensch einen anderen Menschen statt seines eigenen Selbst vernichtet."

Er hielt inne, denn sein Smartphone meldete ihm eine Nachricht aus der Cloud. „Die Bibel nennt das „Sünde", sie hat den guten Lebenstrieb des Menschen, den Gott ihm eingegeben hat und zu dem auch die Liebe zwischen Mann und Frau gehört, zerstört."

Jetzt wandte sie ihm wieder ihr Gesicht zu, hatte er ihre Gesichtszüge es zuerst für grob und hart gehalten, so bemerkte er jetzt, dass es jede mal, wenn sie ihn ansah, weich und ausdrucksvoll wurde.

Das kann doch alles nicht wahr sein, was ich hier erlebe, dachte er. Auch er hatte sie nie ganz vergessen, die erst Zeit nach ihrer Trennung war auch für ihn schmerzhaft gewesen, aber dann hatte er sie irgendwo in seiner „seelischen Cloud" verdrängt und nie damit gerechnet, sie noch je einmal in seinem Leben wiederzusehen.

„Was soll das, Monika", sagte er jetzt und rückte dabei etwas von ihr ab. „Warum fängst du mich hier ab, was vergangen ist, ist vergangen."

„Du bist geschieden, und deine beiden Kinder sind lange schon selbstständig, also bist du jetzt frei für einen Neuanfang," sagte sie. Es klang, als habe sie sich ihre Worte seit langem genau überlegt.

„Auch das weißt du aus dem Internet," stellte er fest.

„Sebastian", sagte sie, und ihre Stimme klang jetzt fast flehentlich.

„Gib uns doch noch eine Chance, Sebastian. Mein Leben war eigentlich nicht mein Leben, weil mein Mann eigentlich nicht mein Mann war, nicht der, den ich liebte, ich habe ihm alles gegeben, was er brauchte bis zuletzt, nicht, dass ich mir Vorwürfe machen müsste, aber es war immer nur die Pflicht, nicht die Kür, und die will ich jetzt haben – mit dir.

Gib uns und unserer Liebe diese Chance. "

Er fühlte Mitleid, ganz entfernt aus der Vergangenheit wurden auch Erinnerungen und Gefühle wach, obwohl es ihm schwer war, diese mit der älteren Frau, die neben ihm hier auf der Parkbank saß, zu verbinden.

„Ich weiß nicht," sagte er, und sofort lachte sie wieder auf.

„Das habe ich gewusst", sagte sie. „Genau den Satz würdest du sagen, das wusste ich. Menschen ändern sich nicht, nur die Zeiten. Du willst dich nicht festlegen, du fühlst dich eingeschränkt in deinen Möglichkeiten, wenn du dich an einen Menschen bindest, deshalb konntest du dich damals nicht entscheiden und kannst es auch heute noch nicht. Aber damals habe ich dir das übel genommen und konnte nicht damit umgehen, heute kann ich es, und ich weiß, dass man dich zu deinem Glück zwingen muss, Matthias"

Sie hatte recht, das war einer seiner bleibenden Charakterzüge, deswegen hatte er auch nie eine dauerhafte, sondern stets wechselnde gehabt, zweimal war er verheiratet gewesen, das letzte Mal drei Jahr, die längste Zeit, die er mit einer Frau zusammen gewesen war.

Wie hilfesuchend sah er auf sein Smartphone, und tatsächlich bekam er eine Botschaft aus der Cloud: „Du wirst doch wohl nicht wieder denselben Fehler machen wie damals", las er.

„Lass uns in ein Cafe gehen", sagte er, um Zeit zu gewinnen. „Mir wird kalt. Ich lade dich ein."

X

Als sie jeder eine Tasse heiße, dampfenden Kakao vor sich hatten, beichtete sie ihm auch, dass sie ihn in den letzten Wochen „gestalkt" und dabei herausgefunden hatte, wann er seinen täglichen Spaziergang durch den Park machte.

Er konnte diese Wiederbegegnung zunächst nur schwer einordnen, alles erschien ihm seltsam unwirklich, während ihr alles selbstverständlich erschien, sie musste sich bereits innerlich seit langem auf ihr Wiedersehen vorbereitet haben.

Aus dem Lautsprecher im Hintergrund erklang Weihnachtsmusik, neben ihrem Tisch stand ein mit elektrischen Kerzen, Strohsternen und Schokoladennikoläusen geschmückter Weihnachtsbaum.

Wie kitschig und sentimental ist doch diese ganze Situation, dachte er. Da treffen sich zwei ältere Menschen nach Jahrzehnten in der Weihnachtszeit wieder und tauschen Erinnerungen miteinander Erinnerungen aus.

Jetzt merkte er, dass sie ihn fast mitleidig von der Seite beobachtete, und er fühlte sich in seinen Gedanken ertappt.

„Du weißt wieder nicht, was du tun sollst", stellte sie fest. „Du kannst dich wieder nicht entscheiden."

Sie erhob sich. „Ich habe noch Weihnachtsgeschenke zu besorgen", sagte sie, auch dies schien ihm von ihr so vorbereitet zu sein. „Wenn ich in einer halben Stunde wiederkommen und du dann nicht mehr da bist, akzeptiere ich deine Entscheidung, du wirst mich dann nie wiedersehen."

Als sie gegangen war, stützte er den Kopf in seine Hände und hörte in sich hinein, was diese Wiederbegegnung in ihm ausgelöst hatte. Es waren widersprüchliche Gefühle, einerseits war es ja ein großes Glück, von einem Menschen so sehr geliebt zu werden, dass er ihn noch nach Jahren nicht vergessen hatte. Andererseits liebte er seine Freiheit, hatte Angst davor, dass die Beziehung wieder scheitern würde.

Er nahm sein Smartphone und hoffte, aus der Cloud wieder eine Hilfe zu bekommen. Aber es kam keine Nachricht für ihn.

Er musste sich schon selber entscheiden.

Was war denn nun der größere Wert, zu lieben und geliebt zu werden, oder in Freiheit, aber einsam nur sich selbst zu leben?

Vielleicht war der Zeitpunkt ihrer Wiederbegegnung, das Weihnachtsfest, gar kein Zufall, sondern ein Hinweis auf den letzten Grund allen wertvollen Lebens, die Liebe. Aber warum fiel es ihm so schwer, sich lieben zu lassen, warum war er damals vor der Liebe davongelaufen und warum wollte er es nun wieder tun?

Jetzt meldete sich die Cloud aus seinem Smartphone.

Und er las: Also hat Gott die Welt geliebt, und auch dich, dass er dir seinen eingeborenen Sohn gab, auf dass du, wenn du an ihn glaubst, nicht verloren gehst, sondern das ewige Leben hast.

Das also ist es, dachte er. Jetzt begreife ich, ich soll endlich an die Liebe glauben lernen, dass sie stärker ist als alles anderen, und dass Gott selbst die Liebe ist und dass der, der in der Liebe bleibt, in Gott bleibt und Gott in ihm.

Als er dies dachte, schien sich die Cloud sehr über ihn zu freuen, denn er las in großen Buchstaben:

Und alsbald war da bei dem Engel die Menge der himmlischen Heerscharen, die lobten Gott und sprachen: Ehre sei Gott in der Höhe und Friede auf Erden bei den Menschen seines Wohlgefallens.

Er erkannte plötzlich, woran seine Beziehung zu Monika und auch im Grunde alle Beziehungen danach gescheitert waren: Daran, dass er sich selbst nicht so angenommen hatte, wie er war, dass er immer glaubte, erst durch Leistung etwas werden zu müssen. Aber nicht er selbst entschied letztlich darüber, ob er es Wert war geliebt zu werden und zu lieben, vielmehr hatte darüber bereits ein anderer in seinem Wohlgefallen an ihm entschieden, er brauchte dessen Liebe und die Menschen, durch die er sie ihm schenkte, nur noch dankbar annehmen.

***

Leben nach Gottes Weise

Es war der erste Heilige Abend ohne sie,

er würde es schon aushalten,

er wusste nur noch nicht, wie.

Die Kinder sagten: Wir holen dich gern,

aber er wollte lieber alleine bleiben,

sich andern aufzudrängen lag ihm fern.

Es wurde dunkler in seinem Zimmer,

am Tisch saß er jetzt allein,

sonst war es wie immer.

Nur saß sie ihm nicht mehr gegenüber,

stattdessen starrte er wortlos stundenlang

auf eine graue Hauswand hinüber.

So ist es also am Heiligen Abend ganz allein,

dennoch spürte er auch ihre Nähe,

noch immer wollte sie in seinem Herzen sein.

Und in seine Trauer hinein sprach einer leise:

Sie ist zwar gestorben nach Menschenweise,

aber sie lebt im Geist nach meiner Weise.

Auch mit einer Toten kannst du leben,

glaube nur fest daran:

In meinem Sohn gab ich ihr ewiges Leben.

Draußen begannen die Sterne zu funkeln,

der Heilige Abend war doch auszuhalten,

er saß jetzt nicht mehr alleine im Dunkeln.

***

Die letzte Posaune

Die anderen Bläser und Bläserinnen der Heilsarmee hatten bereits ihre Instrumente eingepackt und sich auf den Heimweg zu ihren Familien gemacht, um mit ihnen den Heiligen Abend zu feiern. Dieses war ihr letzter Einsatz gewesen, sie hatten sich dazu den Bahnhofsvorplatz ausgesucht, weil hier viele Reisende vorübergingen, auch war die Innenstadt mit ihren Kaufhäusern nur einige Schritte entfernt, eine Fußgängerpassage führte zu ihr durch einen Tunnel, unter dem sich einige Nichtsesshafte, die ihren Platz in der Gesellschaft verloren oder aufgegeben hatten, trotz der winterlichen Kälte ihr Nachtquartier eingerichtet hatten. In mehreren Decken gehüllt und mit einigen Flaschen Schnaps versehen widerstanden sie den Minus-Temperaturen. Den Weihnachtsliedern hatten sie andächtig gelauscht, ja, sie sogar mit Applaus versehen, der allerdings von den im Halbkreis um den Bläserchor stehenden „bürgerlichen" Zuhörern als Verhöhnung ausgelegt und mit abschätzigen Blicken quittiert wurde.

Die Menschengruppe hatte sich weitgehend aufgelöst, nur vereinzelt standen noch einige Unschlüssige, die es wohl noch nicht nach Hause zog, weil dort auch am Heiligen Abend niemand auf sie wartete, zu ihnen gehörte auch Johannes, er hatte während des Einsatzes ihrer Heilsarmeegruppe die Ansprache gehalten, er studierte im ersten Semester Theologie an der Universität der Großstadt, und er hatte beschlossen, das erste Mal Weihnachten nicht nach Hause zu fahren, sondern es an seinem Studienort auszuhalten. Eigentlich hatte er gedacht, dass ihn einer seiner Kameraden aus der Heilsarmee nach ihrem Einsatz zu sich nach Hause einladen werde, aber sie hatten sich nur alle rasch von ihm verabschiedet, sie waren alle zu sehr mit sich und ihren eigenen Festvorbereitungen beschäftigt als dass sie daran gedacht hätten, wie er das Fest verbringen werde, und er war zu stolz gewesen, sich bei irgendeinem von sich aus einzuladen.

Aber er hatte auch noch keine Lust, seine enge, einsame Studentenbude aufzusuchen. Unschlüssig blieb er mit seiner Posaune in der Hand vor dem Schaufenster des Geschenkartikelladens stehen, den er bisher unbeachtet gelassen hatte, erst jetzt warf er einen Blick auf die Auslagen und musste lächeln: Ein Weihnachtsmann winkte ihm zu, er war aus Keramik, sein Mantel und sein Rucksack waren karmesinrot angemalt, er lächelte mild und freundlich und hörte einfach nicht auf, ihn mit seinem rechten Arm zu grüßen.

„Gefällt er Ihnen?", hörte er plötzlich eine Frauenstimme hinter sich sagen. Als er sich umwandte gewahrte er eine schlanke Frau mittleren Alters, elegant gekleidet, schwarze Haare, sie schien die Besitzerin des Ladens.

„Ich habe ihnen eben zugehört", sagte sie und lächelte ihn freundlich an. „Ihre Ansprache hat mir ganz gut gefallen, obwohl ich eigentlich gar nicht fromm bin, und aus der Kirche bin ich schon lange ausgetreten."

„Deswegen sind wir ja hier", erwiderte Johannes, mit solchen „Nachgesprächen" hatte er gerechnet. „Weil viele Menschen nicht mehr in die Kirche kommen, kommen wir zu ihnen. Und das passt ja gerade zu Weihnachten, da ist Gottes Sohn auch zu uns gekommen, da, wo wir Menschen im Alltag sind, damals nicht in den Tempel und den Palast, sondern zu den armen Hirten und in einen Stall."

„Naja," erwiderte die Ladenbesitzerin, „arm bin ich nicht gerade." Dann sah sie zu den Nichtsesshaften in dem Fußgängertunnel hinüber. „Aber denen dort geht nicht so gut."

Johannes gewahrte jetzt unter ihnen einen Mann von hoher Gestalt, der sich vom Boden erhoben hatte und zu ihnen herübersah. Auch die Ladenbesitzerin musterte ihn mit einem raschen Blick, dann zog sie Johannes plötzlich in den Laden hinein.

„Kommen Sie, wir können drinnen weiterreden," sagte sie, scheinbar fürchtete sie, der Mann würde zu ihnen herüberkommen, diese Begegnung wollte sie wohl vermeiden.

Johannes fragte sich, ob sie vielleicht fürchtete, angebettelt zu werden, oder ob ihr Verhalten noch einen anderen Grund hatte. Sie schien seine Gedanken erraten zu haben. „Nicht dass ich etwas gegen Nichtsesshafte habe", sagte sie, als müsse sie sich entschuldigen. Jetzt war Johannes in seinem Element: „Jesus war selber ein Nichtsesshafter, er war immer unterwegs, und denen, die mit ihm gehen wollten, sagte er: Die Füchse haben Höhlen, die Vögel haben Nester, aber ich habe nichts, wo ich mein Haupt hinlege."

Einen Augenblick sah ihn die Frau etwas überrascht an, dann sagte sie: „Also mit Jesus wollte er bestimmt nicht gehen, aber wo er bleiben soll, weiß er auch oft nicht." Einen Augenblick hielt sie inne, dann fuhr sie fort: „Hoffentlich geht er heute Abend in die Bahnhofsmission."

Jetzt dämmerte es Johannes, dass sie von dem Mann sprach, der zu ihnen herübergesehen hatte.

„Kennen Sie den Mann?", fragte er. Sie nickte.

„Und wie," sagte sie. „Wir waren einmal verheiratet, aber es hat nicht gepasst, nach einem Jahr haben wir uns bereits wieder scheiden lassen." Da kam er ja gerade recht, dachte Johannes, das war ja gerade seine Absicht gewesen, am Heiligen Abend nicht nur als Prediger von der Liebe Gottes in seinem Sohn zu reden, sondern auch als Seelsorger zu helfen.

„Das tut mir leid", sagte er. „Ich habe gelesen, dass eine Scheidung die höchste seelische Belastung für Menschen ist, noch mehr als der Tod."

„Junger Mann", sagte die Geschäftsfrau jetzt und lächelte. „Das ist nett, dass sie mir ihr Mitgefühl ausdrücken wollen, aber unsere Trennung ist drei Jahre her und ich bin einigermaßen darüber hinweggekommen, anders als", und sie unterbrach sich, sah zu dem Mann im Fußgängertunnel hinüber und schüttelte dabei den Kopf, „als mein Ex, wie es scheint. Immer wieder taucht er bei den Nichtsesshaften auf, steht stundenlang und starrt zu mir in den Kaden hinüber."

„Er scheint damit nicht so gut fertig geworden zu sein wie Sie", sagte Johannes, sie nickte, trat dann zur Kasse, um eine Kundin zu bedienen, die eine Weihnachtstasse ausgesucht hatte und sie nun bezahlen wollte.

„Sie sind ja noch hier", stellte die Geschäftsfrau erstaunt fest, als sie sich wieder zu Johannes umwandte. „Das ist aber nett von Ihnen."

Jetzt musste Johannes lächeln, und er sagte:

„Sollten wir am Heiligen Abend nicht alle besonders nett zueinander sein? Auch Sie zu ihrem Mann? Warum haben Sie sich eigentlich getrennt?"

„Der Suff", sagte die Geschäftsfrau jetzt. „Er hat geglaubt, er könnte auf meine Kosten leben, hat angefangen zu trinken auch während der Arbeit, ist gekündigt worden, hat keine neue Arbeit mehr gesucht, und aus Langweile hat er dann zuhause schon tagsüber getrunken. Wenn ich mit Scheidung gedroht habe, hat er mir immer hoch und heilig versprochen, aufzuhören, ist aber immer wieder rückfällig geworden. Nun aber ist Schluss, ein für alle Mal", sagte sie entschieden, und warf dabei mach einmal einen abschätzigen Blick zu ihrem Ex in dem Fußgängertunnel hinüber.

Johannes schwieg einen Augenblick, er ahnte, was diese Frau durchgemacht hatte, aber es war doch Heiliger Abend und Gott hatte auch viel unter dem Versagen und der Schuld seiner Menschen gelitten, und doch hatte er in Liebe an ihnen festgehalten und ihnen zur Rettung seinen Sohn gesandt.

Und genau das sagte er jetzt auch der Geschäftsfrau, die vor ihm stand und sich in Erinnerung an die schwere Zeit in ihrem Leben sichtlich aufregte, rote Flecken hatten sich auf ihren Wangen gebildet.

„Sie mögen ja recht haben, junger Mann", erwiderte sie und betonte dabei besonders das Wort „junger", und sie hatte ja auch recht, dachte Johannes, Erfahrung war das, was ihm noch fehlte, und gerade jetzt vermisste er dies wieder besonders. Aber ich habe Glauben, stärkte er sich dann selber den Rücken, und ich habe einen Auftrag, ja eine Berufung, ich will ja

Prediger werden und den Menschen das Evangelium verkündigen, sage nicht, ich tauge nichts, ich bin zu jung, hörte er jetzt die Ermahnung Gottes an sich gerichtet, sondern du sollst gehen, wohin ich dich sende, und predigen, was ich dir gebiete.

Und das mit der Sendung begann auch sofort:

„Wissen Sie was, Sie haben ja Recht", sagte die Landeinhaberin jetzt und lächelte schon wieder, „und Ihre Ansprache vorhin hat mir ja auch ganz gut gefallen, dass die Liebe das Böse nicht zurechnet, so haben Sie doch gesagt. Also, hier haben Sie meinen winkenden Weihnachtsmann, bringen Sie ihn bitte meinem Ex und wünschen Sie ihm auch in meinem Namen ein frohes Weihnachtsfest, und", dies ergänzte sie erst nach einigem Zögern", sagen Sie ihm, wenn er im nächsten Jahr wiederkommt und bis dahin abstinent war, kann er auch zu mir in den Laden kommen, aber dieses Jahr noch nicht, so sehnsüchtig er auch herübersieht."

Als Johannes dem „Ex" den grüßenden Weihnachtsmann mit den Worten aushändigte, die ihm die Geschäftsfrau aufgetragen hatte, begann sich dessen Gesicht immer mehr aufzuhellen. „Das ist doch wirklich einmal nach Jahren wieder ein frohes Weihnachten für mich", sagte er und hielt dabei den Weihnachtsmann wie einen wertvollen Schatz in seiner Hand. „Ich habe ihr das Leben damals schwer gemacht und sie hätte allen Grund, mir niemals mehr zu vertrauen, aber dass sie mir jetzt zutraut, ein Jahr abstinent zu leben, darüber bin ich sehr froh, und ich werde sie nicht enttäuschen, ich liebe sie ja immer noch."

Er schluckte, Johannes merkte, wie ernst es ihm war, dann sah er ihn etwas unsicher an:

„Meinen Sie, dass sie mich auch noch liebt?"

In was bin ich hier hineingeraten, dachte Johannes, mit so viel Beziehungsarbeit hatte er bei diesem Einsatz nicht gerechnet.

„Also das kann ich Ihnen nicht sagen", erwiderte er. „Das müssen Sie schon selber herausbekommen, spätestens, wenn Sie Wort gehalten haben werden Sie das im nächsten Jahr am Heiligen Abend herausfinden. Ich hoffe, siehalten durch."

Der Mann nickte. „Ich habe ja schon eine Gruppe der Anonymen Alkoholiker gefunden, die mir hilft, trocken zu bleiben," sagte er.

Plötzlich fiel Johannes ein, was er noch für diese beiden Menschen tun konnte.

Er nahm seine Posaune und spielte „Stille Nacht, heilige Nacht," er spielte es als solo, denn keiner seiner Kameraden aus der Heilsarmee war noch da, der ihn hätte unterstützen können, aber er spielte es so innig, dass die Passanten wieder stehenblieben und die Nichtsesshaften in dem Fußgängertunnel ihre Köpfe zu ihm umwandten.

Als er geendet hatte und die Posaune absetzte, sah er, wie dem Mann vor ihm Tränen über die Wangen in den Bart rollten, die Geschäftsfrau hatte zum besseren Hören ihre Ladentür geöffnet und sah zu ihnen herüber.

Es war Weihnachten geworden.

Der Heimweg

Wenn wir uns als Kinder
Abends auf den Heimweg machten,
dann fiel im Winter bereits die Dunkelheit
in die Straßenschluchten.

Die Rollläden wurden heruntergelassen,
zwischen ihren Ritzen sickerte etwas Licht
auf die Fenstersimse,
und der Schnee schimmerte.

Traten wir unter eine Straßenlaterne,
erhellte ihr Licht uns den Bürgersteig.
Schnee knirschte unter unseren eiligen Füßen.
Zu Hause würde es warm und hell sein.

Die Mutter würde schon mit dem Essen warten,

es gäbe keine schneidende Kälte mehr

wie hier in den dunklen, zugigen Straßen,

sondern nur noch das warme Licht der Kerzen.

Nein, daheim würde es wie im Himmel sein,

und das erst recht am Heiligen Abend:

Unter dem Weihnachtsbaum würden wir

alle Kälte und Dunkelheit endgültig vergessen.

Heute sind wir keine Kinder mehr. Jedoch –

unsere Bitt bleibt, Herr, Gott, zu dir,

um Dein Licht und deinen Frieden für alle,

deren Weg noch dunkel und friedlos ist.

***

Das neue Lied

Bald wird es wieder Weihnachten auf Erden,
es müsste wieder überall Frieden werden,
aber wieder ertönt das **alte Lied** unserer Klagen,
wieder gibt es so viele Nöte, Sorgen und Fragen.

Doch wie damals den Hirten in jener Nacht,
wird auch uns die frohe Botschaft gebracht:
„Gott hat euch seinen Sohn als Retter gegeben",
dies **neue Lied** gibt uns Trost und ewiges Leben.

Vom Himmel hörten Hirten dies rettende Wort,
mitten in der **Nacht** erklang es am einsamen Ort,
vollendete sich in Jesu Sterben und Auferstehen,
und wird als ewiges **Licht** nie mehr vergehen.

Es zeigt die Sünde als unsere größte Not,

schenkt uns Vergebung und Frieden mit Gott.

Wer ihm glaubt, muss nie mehr verzagen:

„Ich komme bald", hört er den Heiland sagen.

Wer dem **Gekommenen** die Treue hält,

wer an ihm in Liebe und Glaube festhält,

wer ihm jetzt nachfolgt in getrostem Vertrauen,

wird einst den **Wiederkommenden** schauen.

***

Eine Geschichte zum Freuen und Staunen:

Die Weihnachtsgeschichte

Und es waren Hirten in derselben Gegen auf dem Felde bei den Hürden, die hüteten des Nachts ihre Herde. Und des Herrn Engel trat zu ihnen, und die Klarheit des Herrn leuchtete um sie; und sie fürchteten sich sehr. Und der Engel sprach zu ihnen: Fürchtet euch nicht! Siehe, ich verkündige euch große Freude, die allem Volk widerfahren wird; denn euch ist heute der Heiland geboren, welcher ist Christus, der Herr, in der Stadt Davids. Und das habt zum Zeichen: Ihr werdet finden das Kind in Windeln gewickelt und in einer Krippe liegen. Und alsbald war da bei dem Engel die Menge der himmlischen Heerscharen, die lobten Gott und sprachen: Ehre sei Gott in der Höhe und Friede auf Erden bei den Menschen seines Wohlgefallens.
Lukas 2, 8-14

***